VÁRIOS AUTORES

PERSPECTIVAS SOBRE A HOMOSSEXUALIDADE

PREVENÇÃO E ESPERANÇA

4ª edição

São Paulo

2023

Copyright © 2011 Quadrante Editora

Capa
Provazi Design

Dados Internacionais de Catalogação na Publicação (CIP)

Vários autores
  Perspectivas sobre a homossexualidade: prevenção e esperança / Vários autores; tradução de Francisco José de Almeida — 4ª ed. — São Paulo: Quadrante, 2023.

  ISBN: 978-85-7465-533-8

  1. Autoajuda - Técnicas 2. Autoterapia 3. Homossexualidade - Aspectos psicológicos 4. Homossexualidade - Aspectos religiosos - Cristianismo I. Título

CDD-248.4

Índice para catálogo sistemático:

1. Autoterapia : Homossexualidade : Desenvolvimento pessoal : Psicologia aplicada 158.1

2. Homossexualidade : Autoterapia : Desenvolvimento pessoal : Psicologia aplicada 158.1

Todos os direitos reservados a
QUADRANTE EDITORA
Rua Bernardo da Veiga, 47 - Tel.: 3873-2270
CEP 01252-020 - São Paulo - SP
www.quadrante.com.br / atendimento@quadrante.com.br

SUMÁRIO

NOTA EDITORIAL.. 5

HOMOSSEXUALIDADE E ESPERANÇA..... 9

Parte I
COMPREENDENDO A ATRAÇÃO PELO
MESMO SEXO 11

Parte II
RECOMENDAÇÕES 49

CONSIDERAÇÕES SOBRE OS PROJETOS
DE RECONHECIMENTO LEGAL DAS
UNIÕES ENTRE PESSOAS
HOMOSSEXUAIS 89

MORAL PRIVADA E RELEVÂNCIA
PÚBLICA... 117

NOTA EDITORIAL

Reúnem-se neste opúsculo dois documentos da maior importância para encarar o tema da homossexualidade com objetividade: com a objetividade com que devem ser examinados os problemas humanos, isto é, à luz da razão e dos dados da fé que a iluminam e lhe servem de guia seguro no meio do torvelinho das paixões e debates.

O amplo estudo da Associação dos Médicos Católicos norte-americanos (AMC), baseado em numerosas pesquisas científicas, conclui que a homossexualidade não é predeterminada biológica e geneticamente. Deve-se antes a fatores ambientais, muitos deles originados na infância pelo descaso ou defeitos dos pais, outros fomentados na adolescência em consequência da atração pelas drogas, pelo álcool, etc.

O segundo documento, elaborado pelo Cardeal Ratzinger e aprovado pelo Papa João Paulo II, recorda a doutrina da Igreja sobre as verdadeiras exigências da natureza humana nesta matéria. O ser humano, criado homem e mulher por Deus, postula essa dupla identidade para assegurar a perpetuação da espécie e da sociedade e, em última análise, a plena realização de cada pessoa que não seja chamada ao sacerdócio ou a uma vida de dedicação a Deus no celibato.

Encerram-se estas páginas com o texto de uma aula dada pelo prof. Martín Rohnheimer sobre o tema do ponto de vista do reconhecimento público. Partindo da base evidente de que qualquer discriminação, agressão ou mesmo zombaria que atinja os homossexuais é absolutamente condenável, esclarece que o tratamento privilegiado de que as legislações cercam o casamento não constitui uma discriminação para com os homossexuais, mas é uma exigência requerida pela função pública e social da união matrimonial, chamada a constituir uma família que, através dos filhos, garanta a sobrevivência da humanidade. O que está em jogo não é, pois, assegurar o respeito aos homossexuais — aliás, protegidos pela lei geral ou específica, sobretudo quando se trata de uniões comprovadamente estáveis —, mas de amparar e fortalecer a família na sua função procriadora e educativa, de insubstituível valor social.

O estudo da AMC abre as portas à esperança de que os homossexuais que assim o queiram livremente podem submeter-se a um tratamento terapêutico, comprovadamente eficaz em numerosos casos, já que não se trata de uma situação irreversível, antes corresponde a um desejo de reentrar na normalidade e, portanto, na plena felicidade pessoal e pública.

HOMOSSEXUALIDADE E ESPERANÇA

Associação Médica Católica

A Associação Médica Católica (ACM) dedica-se a sustentar os princípios da fé católica (e da lei moral natural), no que se refere à prática da medicina e à promoção da ética católica entre os que exercem a profissão médica.

Nenhuma questão tem provocado mais preocupação desde a década passada do que a homossexualidade. Portanto, a AMC oferece aqui a versão atualizada do seu documento *Homossexualidade e esperança*. Este relatório baseia-se profundamente nas conclusões de vários estudos históricos e mais recentes, e aponta a coerência desses estudos com os ensinamentos da Igreja. A pesquisa que aqui se recolhe contradiz radicalmente o mito de que a atração pelo mesmo sexo é geneticamente predeterminada e imutável, e oferece esperanças para a prevenção e o tratamento.

As pessoas não devem ser identificadas com os seus conflitos emocionais ou de desenvolvimento, como se estes fossem a essência da sua identidade. Portanto, evitamos tanto quanto possível o uso das palavras «homossexual» e «heterossexual» como substantivos. Tal uso implicaria um estado permanente e uma equivalência entre o estado natural do homem e da mulher, enquanto criaturas de Deus, e as pessoas que sentem atração pelo mesmo sexo.

Parte I
COMPREENDENDO A ATRAÇÃO PELO MESMO SEXO

Nascidos assim?

Os que sustentam a normalidade das pessoas que experimentam atração pelo mesmo sexo defendem publicamente que essas pessoas nascem assim e não podem mudar, de maneira que tal atração não seria um distúrbio psicológico. Devemos observar que, mesmo dentro da comunidade gay/lésbica, essa afirmação vem sendo objeto de debate, pois muitos a julgam depreciativa[1]. Contudo, ainda que

---

(1) Gareth Kirkby, «No need to lie», *Xtra West*, (20/08/1998); John McKellar, «There is HOPE for the world», Toronto, CA: *Homosexuals Opposed to Pride Extremism*, fevereiro 2003.

essa condição fosse determinada geneticamente, ela não é necessariamente normal, saudável ou moral. Aliás, a maioria dos pesquisadores que procuram causas genéticas para a tendência homossexual fazem-no precisamente porque pensam que essa atração é anormal[2].

Não há qualquer prova de que a atração pelo mesmo sexo seja geneticamente predeterminada. Se assim fosse, deveríamos supor que gêmeos idênticos teriam de ser idênticos nessa atração[3]. Ora, há

---

(2) Rainer Herrn, «On the history of biological theories of homosexuality», em John DeCecco, David Parker, orgs., *Sex, Cells, and Same-Sex Desire: The Biology of Sexual Preference*, Haworth Press, Nova York, 1995, pp. 31-56.

(3) Cf., entre muitos outros, J. Michael Bailey, Richard Pillard, «A genetic study of male sexual orientation», *Archives of General Psychiatry*, 48 (1991), pp. 1089-1096; E. Eckert, *et al.*, «Homosexuality in monozygotic twins reared apart», *British Journal of Psychiatry*, 148 (1986), pp. 421-425; Richard Friedman, F. Wollesen, R. Tendler, «Psychological development and blood levels of sex steroids...», *The Journal of Nervous and Mental Disease*. 163, 4 (1976), pp. 282-288;

numerosos estudos de gêmeos idênticos que não são idênticos nesse campo. Por exemplo, um grupo de pesquisadores australianos localizou vinte e sete gays com irmãos gêmeos idênticos, dos quais apenas três eram também homossexuais.

Em 1995, o *Journal of Homosexuality*[4], em dois números sucessivos, publicou diversos estudos em que muitos pesquisadores submeteram a revisão todas as teorias atuais sobre as causas biológicas da homossexualidade — genéticas, hormonais, cerebrais e sociobiológicas —,

---

Richard Green, *Sexual Identity Conflict in Children and Adults*, Penguin, Baltimore, 1974; L. Heston, J. Shield, «Homosexuality in twins», *Archives of General Psychiatry*. 18 (1968), 149-160; McConaghy, «A pair of monozygotic twins discordant for homosexuality», *Archives of Sexual Behavior*, 9 (1980), pp. 123-131; B. Zuger, «Monozygotic twins discordant for homosexuality», *Comprehensive Psychiatry*, 17 (1976), pp. 661-669; N. Parker, «Homosexuality in twins», *British Journal of Psychiatry*, 110 (1964), pp. 489-492.

(4) David Parker, John DeCecco, «Sexual Expression: A Global Perspective», em *Sex, Cells, and Same-Sex Desire*, p. 427.

e analisaram o contexto histórico em que elas foram elaboradas. A conclusão dos editores da revista foi: «A atual pesquisa sobre as possíveis bases biológicas da preferência sexual fracassa em produzir provas conclusivas»[5].

As afirmações de que a homossexualidade tem causas biológicas e de que é predeterminado antes do nascimento são como os fogos de artifício: sobem com muita luz e descem como cinzas. Cada estudo desse tipo é festejado como mais uma prova de que os homossexuais nascem assim, mas quase não se dá publicidade a artigos que o refutam[6].

Os defensores da teoria genética citam frequentemente a obra de Dean Hamer, que afirmou ter encontrado um «gene

---

(5) *Ibid.*

(6) Chandler Burr, «Suppose there is a gay gene... What then? Why conservatives should embrace the gay gene», *The Weekly Standard* (16/12/1996), pp. 22--26.

gay»[7]. Contudo, outros cientistas nunca conseguiram chegar aos mesmos resultados[8]. Além disso, um amplo estudo do genoma de 465 indivíduos, levado a cabo por Mustanski, não encontrou bases genéticas para a homossexualidade[9].

Alguns pesquisadores tentam tergiversar falando de fatores hereditários. Não se pode negar que as características herdadas — como o temperamento, a aparência, os talentos e a coordenação motora — afetam efetivamente a maneira como as pessoas interagem com o seu ambiente, como tratam os outros e reagem ao estresse. Isso pode explicar por que duas

---

(7) Dean Hamer *et al.*, «A linkage between DNA markers on the X chromosome and male sexual orientation», *Science*, 261 (1993), pp. 321-327.

(8) George Rice, *et al.*, «Male homosexuality: Absence of linkage to microsatellite markers at Xq28», *Science*, (abril de 1999), pp. 665-667.

(9) B.S. Mustanski, *et al.*, «A genome wide scan of male sexual orientation», *Human Genetics*, 116, 4 (2005), pp. 272-278.

crianças da mesma família podem ser tratadas de maneira similar e, no entanto, ter comportamentos diametralmente opostos. Não há provas, porém, de que essas características herdadas predestinem um indivíduo para a homossexualidade. O Dr. Francis Collins, chefe do Projeto Genoma Humano, declara: «Há um componente inescapável de hereditariedade em muitos aspectos do comportamento humano, mas praticamente não se pode fazer qualquer previsão a partir deles»[10].

Já se sugeriu que a homossexualidade é causado pelos hormônios. No entanto, testes em adultos não revelaram qualquer diferença hormonal[11]. Uma análise da literatura sobre os níveis de hormônios das

---

(10) A. Dean Byrd, «Homosexuality is not hardwired, concludes Dr. Francis S. Collins...», *Narth Bulletin* (2/2007), p. 3; cf. http:// www.narth.com/docs/nothardwired.html.

(11) Louis Gooren, «Biomedical concepts of Homosexuality: Folk belief in a white coat», em *Sex, Cells, and Same-Sex Desire*, p. 237.

pessoas homossexuais também não encontrou anormalidades: «Hoje, a opinião consensual é de que não há relação causal entre o status hormonal de um adulto e a sua orientação sexual»[12]. Estudos sobre os níveis de testosterona não mostraram carência desse hormônio nos gays nem excesso dele nas lésbicas[13].

Há também quem afirme que as pessoas com tendências homossexuais podem ter sido expostas a hormônios do sexo oposto ainda no ventre materno. Isso alteraria a configuração do seu cérebro, fazendo-o funcionar como se fosse o cérebro de um homem (no caso das mulheres) ou de uma mulher (no caso dos homens). É verdade que a

---

(12) H. Meyer-Bahlburg, «Psychoendrocrine research on sexual orientation», *Progress in Brain Research*, 61 (1984), pp. 375-399; William Byne, B. Parsons, «Human sexual orientation: The biologic theories reappraisal», *Archives of General Psychiatry*, 50 (1993), pp. 229-239.

(13) Amy Banks, Nanette Gartrell, «Hormones and Sexual Orientation: A Questionable Link,», em *Sex Cells, and Same-Sex Desire*, p. 263.

exposição a hormônios do sexo oposto pode causar alterações no cérebro da criança, mas geralmente causa também alterações em outras partes do corpo, especialmente na genitália. As pessoas com inclinações homossexuais são, pois, homens e mulheres fisicamente normais, sem qualquer diferença interna ou externa considerável.

O estudo mais citado sobre este tema foi realizado pelo neurocientista inglês Simon Levay, que afirma ter encontrado diferenças entre o cérebro de pessoas com tendências homossexuais e pessoas sem elas. A sua pesquisa, no entanto, apresenta uma falha grave por estar baseada numa amostra pouco representativa de homens que morreram vítimas de AIDS. Além disso, ignora muitos dados sobre o cérebro humano. Sabe-se, por exemplo, que «a estrutura do cérebro pode mudar de acordo com as nossas experiências na vida adulta»[14].

---

(14) Jeffrey Schwartz, *The Mind and the Brain*, Harper Perennial, Nova York, 2003, p. 252.

Assim, sendo as experiências de uma pessoa com tendências homossexuais substancialmente distintas das de uma pessoa heterossexual, podem ser entendidas como uma resposta a estímulos diversos[15].

No artigo «Science and belief: Psychobiological research on sexual orientation» («Ciência e crença: a pesquisa psicobiológica sobre a orientação sexual»), William Byne trata o problema das pesquisas com dados viciados. Escreve Byne:

> Concluímos que o apoio às teorias sobre a determinação biológica

---

(15) Os taxistas londrinos são famosos por conhecerem detalhadamente o trajeto mais rápido entre dois pontos da cidade. Pois bem, um estudo muito curioso descobriu que eles apresentam um hipocampo direito — a parte do cérebro responsável pela criação de mapas mentais — bem maior que o comum. E o seu tamanho era proporcional ao tempo de profissão, o que comprova a teoria de que o cérebro sofre alterações de acordo com os estímulos recebidos. Cf. E. Maguire, «Navigation-related structural change in the hippocampi of taxi drivers», *Proceedings of the National Academy of Science of the USA*, 7, 2000.

da orientação sexual se dá tanto por força dos trabalhos científicos como do apelo às tendências culturais predominantes. O apelo pode explicar por que estudos com erros grosseiros passam rapidamente pela avaliação das bancas dos periódicos para depois entrarem no cânone do determinismo biológico, de onde não saem mesmo que ninguém consiga repetir os seus resultados[16].

As teorias que se baseiam em fatores biológicos são incapazes de explicar qual a influência dos genes no comportamento e no desenvolvimento do cérebro humano. Mesmo assim, a mídia está sempre

---

(16) O psiquiatra holandês Gerard van den Aardweg escreveu um artigo analisando cuidadosamente as afirmações em voga sobre a base biológica da homossexualidade e explica o ponto fraco de cada um: «Homosexuality and Biological Factors: Real Evidence none, misleading interpretations plenty», *Narth Bulletin*, cf. www.narth.com/docs/ aardweg.pdf.

a noticiar que foi descoberta uma causa biológica ou está a ponto de sê-lo. Por exemplo, um estudo feito por Ivanka Savic comprovou a diferença entre o modo como pessoas com ou sem tendência homossexual reagiam a determinados odores. O estudo foi noticiado erroneamente pela *Associated Press*, que afirmou que essa pesquisa «reforçava a ideia de que a homossexualidade tem base física e não é um comportamento adquirido». Ora, não há nada no estudo que sugira que as diferenças existem desde o nascimento. É mais provável que tenham resultado de experiências. A Dra. Savic informou à *AP* que tal interpretação do seu trabalho era «incorreta e infundada», e a agência teve de corrigir a matéria.

Se o motivo não é biológico, qual seria?

O *Catecismo da Igreja Católica*, ao falar da homossexualidade, afirma que «a sua gênese psíquica continua em grande parte por explicar» (n. 2357). Ante o estado em que se encontra a ciência, a Igreja deixa sabiamente a questão em aberto, animando os que se dedicam a esses estudos a propor teorias e continuar as suas pesquisas. Apesar de haver quem insista em que a inclinação homossexual é uma variante da sexualidade humana e que, portanto, dispensa tratamento, a doutrina católica ensina que os atos homossexuais «são contrários à lei natural», e o desejo de praticá-los é intrinsecamente desordenado, de maneira que qualquer avanço na sua prevenção e tratamento será altamente benéfico.

O ambiente

Os pesquisadores que procuram uma causa biológica fracassaram na sua tarefa, mas a pesquisa acerca da influência do ambiente produziu alguns resultados interessantes. Um estudo com dois milhões de dinamarqueses descobriu o seguinte:

Crianças cujos pais se divorciaram têm menos probabilidade de contrair um casamento heterossexual na vida adulta do que os filhos de uma família intacta [...] Além disso, [...] entre os homens, a união homossexual estava associada a pessoas cujas mães eram mais velhas, a filhos de pais divorciados e/ou ausentes, e a filhos caçulas. Entre as mulheres, alguns fatores que aumentavam a tendência para uniões homossexuais foram: o falecimento da mãe durante a adolescência, a condição de filha caçula e/ou de única menina na família. O nosso estudo apresenta indícios demográficos e prospectivos de que a experiência familiar infantil é determinante nas decisões acerca do casamento heterossexual ou da união homossexual na vida adulta[17].

---

(17) Morton Frisch, Anders Hviid, «Childhood family correlates of heterosexual and homosexual marriages:

Há muitos outros estudos que apresentam resultados nesse mesmo sentido. Um deles, por exemplo, mostra que meninos com irmãs gêmeas estão mais propensos a experimentar atração homossexual, exceto nos casos em que o garoto tenha um irmão mais velho[18].

O TRANSTORNO DA IDENTIDADE DE GÊNERO

O Manual Estatístico e Diagnóstico IV, elaborado pela Associação Americana de Psiquiatria em 1994, define o «transtorno da identidade de gênero» nas crianças como uma identificação persistente e

---

A national cohort study of two million Danes», *Archives of Sexual Behavior*, 35, 5 (outubro de 2006), pp. 533-547.

(18) Peter Bearman, Hannah Bruchner, «Opposite-sex Twins and Adolescent Same-Sex Attraction», *Institute for Social and Economic Research and Policy, Columbia University, Working Papers* 01-04 (2001).

forte com o sexo oposto, um desconforto em relação ao próprio sexo e a preferência por papéis do sexo oposto nos jogos ou fantasias.

É bastante aceito que uma parcela significativa de adultos com tendências homossexuais apresentou sintomas de transtorno de identidade de gênero quando criança. Como tais sintomas aparecem muito cedo — às vezes, antes dos 2 anos de idade —, muitas pessoas supõem que o problema seja biológico e que essas crianças são naturalmente garotos afeminados e garotas masculinizadas. Os psiquiatras Kenneth Zucker e Susan Bradley trataram muitas crianças com transtorno de identidade de gênero e verificaram que elas padeciam de uma ansiedade causada pelo estresse a que estavam expostas no seu ambiente. Deduziram daí que essas crianças se refugiavam em comportamentos próprios do sexo oposto como um mecanismo para conseguirem acalmar-se[19]. E que muitas vezes esse estresse era causado pela intensa carga emocional a que os pais (especialmente a mãe) submetiam o bebê[20].

Sintomas

Evidentemente, não se pode generalizar: as pessoas experimentam atração pelo mesmo sexo por razões diferentes. Embora haja semelhanças nos tipos de desenvolvimento, cada pessoa tem uma história de vida diferente e pessoal. Ainda assim, frequentemente encontramos um ou mais dos seguintes elementos na história de vida dos indivíduos com tendência homossexual:

---

(19) Kenneth Zucker, Susan Bradley, *Gender Identity Disorder and Psychosexual problems in Children and Adolescents*, Guilford Press, Nova York, 1995.

(20) Allan Schore, *Affect Regulation and Disorders of the Self*, Norton, Nova York, 2003.

— Alheamento do pai na infância, porque a criança o via como hostil ou distante, violento ou alcoólatra[21];

— Mãe superprotetora (meninos)[22];

— Mãe emocionalmente distante (meninas)[23];

---

(21) Os que classificam a inclinação homossexual como um distúrbio descobriram há muito tempo que a falta de identificação com o pai desempenha um papel importante no desenvolvimento da inclinação homossexual nos homens. Irving Bieber, que levou a cabo uma ampla pesquisa com homens de tendência homossexual em sessões de terapia, escreveu: «Um pai construtivo, solidário e afetuoso diminui as chances de um filho assumir comportamentos homossexuais» (*Homosexuality: A Psychoanalytic Study of Male Homosexuals*, Basic Books, Nova York, 1962), p. 311.

(22) Cf. Irving Bieber, *et al.*, *op. cit*.

(23) Muitas vezes, a própria mãe padece de algum problema psicológico que acaba por influenciar o comportamento da filha: «Em uma amostra de 26 mulheres com transtorno de identidade de gênero, 20 (76,9%) tinham mães que estavam deprimidas quando as suas filhas eram bebês ou crianças pequenas.

— Pais que não fomentaram a identificação do sexo de cada filho[24];

— Falta de brincadeiras mais duras (meninos) e aversão a esportes de equipe[25];

Onze mães apresentaram patologias de caráter. Em 12 das famílias, a filha foi exposta a uma agressão dirigida à mãe ou a ela. Seis das mães tinham sido vítimas de abuso sexual incestuoso» (Zucker & Bradley, *Gender Identity Disorder*, pp. 252-253).

(24) *Ibidem*.

(25) «Treze entre 17 indivíduos homossexuais (76%) relataram ter estado possuídos de um terror, crônico e persistente, ante a possibilidade de entrar em luta com os outros meninos durante a infância e o início de adolescência. [...] Essa ansiedade antecipatória resultou em respostas fóbicas a atividades sociais. O medo de que poderiam ter de brigar levou-os a evitar uma grande variedade de interações sociais, especialmente esportes de contato [...]. Incapazes de superar esse medo às potencialidade agressões para ganhar respeito e aceitação, esses meninos foram rotulados de 'maricas' pelos colegas. [...] Ora excluídos, ora tomados como bode expiatório, foram alvo de humilhações contínuas» (Richard Friedman, L. Stern, «Juvenile aggressivity and sissiness in homosexual and heterosexual males», *Journal of the American Academy of Psychoanalysis* 8, 3, pp. 432-433).

— Abuso sexual ou estupro[26];

— Fobia social ou acanhamento extremo[27];

— Perda dos pais por morte ou divórcio[28].

---

(26) «Entre os adolescentes, as sequelas (de um abuso sexual na infância) muitas vezes são: insatisfação sexual, promiscuidade, homossexualidade e um maior risco de revitimização» (J. Beitchman *et al.*, «A review of the short-terms effects of child sexual abuse», *Child Abuse & Neglect*, 15 (1991); pp. 537--556. Engel, por sua vez, diz: «Algumas pacientes lésbicas [vítimas de abuso sexual] atravessam um momento de confusão. Não podem dizer com certeza se estão unidas a outras mulheres por escolha própria, ou se o fazem apenas por medo, raiva e nojo dos homens em consequência do abuso sexual» (*The Right to Innocence: Healing the Trauma of Childhood Sexual Abuse*, Ivy Books, 1990, p. 231.).

(27) Golwyn, D., Sevlie, C., «Adventitious change in homosexual behavior during treatment of social phobia with phenelzine». *Journal of Clinical Psychiatry*. 54, 1 (1993), pp. 39-40.

(28) Zucker, Bradley, *Gender Identity Disorder and Psychosexual problems in Children and Adolescents*.

Como dissemos, cada pessoa com inclinação homossexual tem a sua história única. Nenhum dos elementos acima apontados explicará completamente a origem do problema. São muitas peças, mas podem ser parte de vários quebra-cabeças. É preciso continuar a debater o tema abertamente, e cada profissional pode dar a sua contribuição.

Problemas associados à homossexualidade

Muitos ativistas afirmam que as pessoas com tendência homossexual são, em média, tão psicologicamente saudáveis quanto as outras[29]. No entanto, estudos recentes descobriram que essas pessoas são muito mais propensas a sofrer de outros distúrbios psicológicos, como

---

(29) Evelyn Hooker, «The adjustment of the male overt homosexual», *Journal of Projective Techniques*, 21 (1957), pp. 18-31.

depressão, abuso de substâncias e desejos suicidas[30].

Um estudo realizado com mais de 1000 crianças nascidas em Christchurch (Nova Zelândia), a partir de dados coletados ao longo de 25 anos, levou à conclusão de que aos 21 anos a taxa de depressão entre pessoas com tendência homossexual foi quase o dobro da taxa entre pessoas sem essa tendência (71,4% para 38,2%).

Incapazes de negar a extensão do problema, os defensores da causa homossexual afirmam que os problemas são causados pela opressão social. Fosse isso verdade, as taxas seriam menores em países onde há mais aceitação e tolerância com relação a comportamentos

---

(30) Cf., entre outros, Richard Herrell *et al.*, «A co-twin control study in adult Men: Sexual orientation and suicidality», *Archives of General Psychiatry*, 56, 10 (1999), págs. 867-874; David Fergusson, John Horwood, Annette Beautrais, «Is sexual orientation related to mental health problems and suicidality in young people?», *Archives of General Psychiatry*, 56, 10 (1999), pp. 876-888.

homossexuais. Contudo, não é o caso. Estudos na Holanda e Nova Zelândia — ambos países famosos pela sua tolerância — encontraram níveis elevados de vários distúrbios psicológicos em pessoas com tendências homossexuais, semelhantes aos de países considerados menos tolerantes (como os EUA)[31].

Por outro lado, esses estudos não abrangeram outros distúrbios sexuais — como dependência sexual, promiscuidade, masturbação compulsiva, vício em pornografia, parafilia (atribuição de prazer sexual a outras atividades que não o sexo), etc. —, que são também mais comuns entre pessoas com tendências homossexuais do que entre as pessoas em geral. Se também se incluíssem esses problemas, a carga de distúrbios associados à homossexualidade seria ainda maior. Ainda que os defensores do comportamento

---

(31) Fergusson, «Is sexual orientation related to mental health problems».

homossexual digam que esses comportamentos são considerados transtornos simplesmente por violarem um código sexual «repressivo», do qual os pacientes deveriam livrar-se, a ampla documentação acerca dos riscos para a saúde física e mental envolvidos na sua prática e os danos que causam à criação e manutenção de relações humanas justificam a preocupação dos profissionais, dos pais e, claro, dos próprios pacientes.

Pode-se prevenir a atração homossexual?

Se as necessidades emocionais e de desenvolvimento de cada criança forem atendidas corretamente pela família e pelos amigos, é bem improvável que a criança desenvolva atração pelo mesmo sexo. As crianças precisam de afeição, de elogios e acolhimento por parte do pai e da mãe, dos irmãos e dos colegas. Nem sempre, porém, é fácil criar essas situações sociais e familiares, e nem sempre se pode identificar logo as necessidades das crianças. Há pais que podem estar a braços com os seus próprios problemas e assim não ter condições de prestar à criança a atenção e o apoio de que necessita.

Às vezes, os pais esforçam-se muito, mas a personalidade da criança torna esse apoio e esse cuidado mais difíceis. Em outros casos, os pais reconhecem os primeiros sinais do problema, procuram assistência e aconselhamento profissional, mas recebem conselhos inadequados e por vezes errados.

O transtorno de identidade de gênero pode ser vencido quando, com o apoio dos pais, o problema é identificado sem demora e há uma intervenção profissional adequada[32]. Pode haver casos em que os

---

(32) Zucker & Bradley, *Gender Identity Disorder*; L. Newman, «Treatment for the parents of feminine boys», *American Journal of Psychiatry*. 133, 6 (1976); pp. 683-687.

sintomas e as preocupações dos pais pareçam diminuir quando a criança entra na segunda ou quarta série. Mas, a menos que seja tratada de forma adequada, os sintomas podem reaparecer na puberdade como intensa atração homossexual. É importante que os responsáveis pelo cuidado e educação de crianças conheçam bem os sinais desse transtorno, como também os meios disponíveis para ajudar adequadamente essas crianças[33].

Quando se convencem de que a atração pelo mesmo sexo não é uma desordem de origem genética, as pessoas conseguem ter esperanças de encontrar um modelo de terapia que permita mitigar significativamente, ou até mesmo eliminar, a atração pelo mesmo sexo.

Em alguns casos, as experiências negativas da infância podem ser vencidas

---

(33) F. Acosta, «Etiology and treatment of homosexuality: A review», *Archives of Sexual Behavior*, 4 (1975), pp. 9-29.

mais tarde por relacionamentos positivos. Em outros, toma-se uma decisão consciente de evitar a tentação. A presença e o poder da graça de Deus, embora nem sempre possam ser medidos, não podem ser desconsiderados como um fator que ajuda as pessoas em risco a afastar-se da atração pelo mesmo sexo. Rotular um adolescente ou, pior, uma criança como irremediavelmente «homossexual» prejudica-os gravemente.

É possível mudar

Em 2003, o Dr. Robert Spitzer, que 30 anos antes contribuíra decisivamente para que a Associação Americana de Psiquiatria retirasse a homossexualidade do seu manual de distúrbios psicológicos, publicou um estudo feito com 200 homens e mulheres voluntariamente submetidos a terapia para combaterem a sua inclinação homossexual, e verificou, com grande surpresa, que tinha havido uma mudança no padrão de atração sexual dessas pessoas.

O motivo do estudo foi uma iniciativa lançada por alguns profissionais de saúde mental com o fim de proibir a terapia direcionada à mudança no comportamento homossexual. Spitzer realizou entrevistas telefônicas com esses 200 homens e mulheres e observou que muitos se tinham tornado heterossexuais. Mesmo entre os que não tinham mudado completamente, havia os que sentiam que a terapia lhes fizera bem[34]. O objetivo do estudo não era descobrir a porcentagem de indivíduos em tratamento que tinham experimentado uma mudança completa, mas se alguém tinha experimentado alguma mudança.

Dada a natureza controversa do estudo, os editores das revistas *Archives*

---

(34) Robert Spitzer, «Can some gay men and lesbians change their sexual orientation? 200 participants reporting a change from homosexual to heterosexual orientation», *Archives of Sexual Behavior*, 35, 5 (2003); pp. 403-417.

of Sexual Behavior e *Journal of Gay and Lesbian Psycotherapy* solicitaram alguns comentários sobre o trabalho de Spitzer para publicá-los juntamente com o artigo original. Como era de esperar, choveram críticas, quase todas repetindo os mesmos tipos de argumento. Alguns disseram que os entrevistados estavam enganados a respeito de si mesmos ou simplesmente mentiam[35]. Outros sustentaram que qualquer esforço para mudar a orientação sexual é opressivo para os que o tentam e fracassam[36]. Houve quem dissesse que tais estudos afetam negativamente o programa político gay (o que é um pouco mesquinho, visto que os

---

(35) Craig Hill, Jeannie DiClementi, «Methodological limitations do not justify the claim that same-sex attraction changed through 'Reparative therapy'», em *Ex-Gay Research*, págs. 143; Helena Carlson, «A methodological critique of Spitzer's research on reparative therapy», em *Ex-Gay Research*, p. 92.

(36) Milton Wainberg *et al*, «Science and the Nuremberg Code: A Question of Ethics and Harm», em *Ex-Gay Research*, p. 197.

psiquiatras deveriam estar mais interessados na saúde dos seus pacientes do que nos seus próprios ideais políticos). Por fim, não faltou quem argumentasse que a motivação dos pacientes fora religiosa, e que, ao invés de mudarem de comportamento sexual, esses pacientes deveriam ter mudado de religião[37].

Mas a experiência mostra que os resultados do Dr. Spitzer não estavam errados. Muito pelo contrário. Há pelo menos 125 anos que se conhecem relatos de pacientes e terapeutas sobre a mudança de orientação sexual, escritos sob a ótica das mais diversas escolas de terapia e abrangendo uma série de métodos de tratamento. É difícil acreditar que todos esses relatos sejam mentirosos[38].

---

(37) Richard Friedman, «Sexual Orientation Change: A study of Atypical Cases», em *Ex-Gay Research*, 116; Craig Hill, Jeannie DiClementi, «Methodological limitations», em *Ex-Gay Research*, p. 142.

(38) Cf. R. Goetze, *Homosexuality and the Possibility of Change: A Review of 17 Published Studies*, New

Na verdade, quase não há terapeutas dessa especialidade que não tenham obtido algum sucesso[39]. E existem muitos relatos de mudanças espontâneas ou que ocorrem durante o tratamento de outros distúrbios psicológicos[40].

Deve-se ter em conta ainda que há pessoas cujo comportamento homossexual não é estável ao longo do tempo[41], ou seja, pessoas que mudam de orientação sexual:

Directions for Life, Toronto, 1997; W. Throckmorton, «Efforts to modify sexual orientation: A review of outcome literature and ethical issues», *Journal of Mental Health and Counseling*, 20, 4 (1996), pp. 283-305.

(39) Elaine Siegle, *Female Homosexuality: Choice without Volition*, Analytic Press, Hillsdale, 1988.

(40) Dean Byrd «The malleability of homosexuality: A debate long overdue», em *Ex-Gay Research*, p. 83-87.

(41) Edward Lauman *et al.*, *The Social Organization of Sexuality: Sexual Practices in the United States*, University of Chicago, 1994: Lisa Diamond «Sexual identity, attractions, and behavior among young sexual-minority women over a two-year period», *Developmental Psychology*, 36, 2 (2000), pp. 241-250.

mães de família que decidem ser lésbicas depois dos trinta anos[42], adolescentes que abandonam o comportamento homossexual na vida adulta[43], lésbicas que passam para a heterossexualidade após a vinda de um filho[44], etc.

Podemos, pois, dizer com toda a segurança que é possível, sim, uma mudança na orientação sexual[45]. Mas, claro, é

---

(42) «Feminism Turned Happy Hetero Woman Toward Homosexuality», *WorldNetDaily.com* (01/07/2007).

(43) Warren Throckmorton, «Hiding truth from school Kids: *It's Elementary* Revisited», 16/06/2004, www.drthrockmorton.com/article.asp?id=78.

(44) Dale O'Leary, *One Man, One Woman*, Sophia Institute Press, Nova York, 2007.

(45) Deve-se notar que, quase sem exceção, aqueles que querem proibir a terapia direcionada à mudança da orientação sexual, também rejeitam a abstinência fora do casamento e outros comportamentos problemáticos. Os terapeutas que julgam normais os atos homossexuais costumam aceitar a infidelidade, os encontros sexuais anônimos, a promiscuidade, a prostituição, a autoerotismo, o vício da pornografia, o sadomasoquismo, as operações de «mudança de sexo» e várias parafilias. Alguns até apoiam uma diminuição das restrições no sexo entre adultos e

preciso valer-se do tratamento adequado. Não se deve recorrer a algumas formas de terapia que incentivam a troca de um distúrbio sexual por outro[46], como sexo com pessoas do sexo oposto[47], ainda que o paciente seja solteiro, ou a masturbação[48] mediante o recurso a imaginações heterossexuais. Tais métodos, mesmo que surtissem efeito, são inaceitáveis para terapeutas e pacientes católicos. A maior

---

menores ou negam o impacto psicológico negativo do abuso sexual infantil. Quase sem exceção, põem na opressão da sociedade a culpa dos inegáveis problemas sofridos pelos adolescentes e adultos homossexuais.

(46) Cf. M. Schwartz, W. Masters, «The Masters and Johnson treatment program for dissatisfied homosexual men», *American Journal of Psychiatry.* 141(1984), pp. 173-181.

(47) William Masters, V. Johnson, *Homosexuality in Perspective*, Little Brown, Co., Boston, 1979.

(48) J. Blitch, S. Haynes, «Multiple behavioral techniques in a case of female homosexuality», *Journal of Behavior Therapy and Experimental Psychiatry.* 3(1972), págs. 319-322; S. Conrad, J. Wincze, «Orgasmic reconditioning», *Behavior Therapy*, 7 (1976), pp. 155-166.

parte das terapias bem-sucedidas sublinha que foi possível conseguir a cura das feridas causadas na infância, a resolução dos conflitos emocionais da adolescência e o desenvolvimento de uma identidade feminina ou masculina saudável e de amizades isentas de interesse sexual com pessoas do mesmo sexo[49].

Para um católico que sinta atração por pessoas do mesmo sexo, a meta da terapia deve ser ajudá-lo a alcançar a liberdade de viver castamente de acordo com o seu estado de vida. Alguns dos que lutam contra a atração pelo mesmo sexo julgam que são chamados a uma vida de celibato. Mas não se deve fazê-los pensar que, ao darem esse passo, fracassaram no propósito de adquirir liberdade. Outros desejam casar-se e ter filhos. Há boas razões

---

(49) Elizabeth Moberly, *Homosexuality: A New Christian Ethic*, James Clarke, Cambridge, 1983; Joseph Nicolosi, *Reparative Therapy of Male Homosexuality*, Aronson, Northvale, 1991.

para esperar que, com o tempo, muitos possam alcançar essa meta. Mas não devem ser incentivados a casar-se precipitadamente, pois há ampla evidência de que o casamento não é cura para a atração pelo mesmo sexo. Com a poderosa ajuda da graça, dos sacramentos, do apoio da comunidade e de um terapeuta experiente, uma pessoa bem decidida terá condições de alcançar a libertação interior que Cristo prometeu.

Um terapeuta com experiência pode ajudar as pessoas a descobrir e entender as causas do trauma emocional que deu origem à sua atração pelo mesmo sexo, e assim animá-las a seguir a terapia que as vai ajudar a resolver o seu problema.

No caso dos homens, é frequente que, ao descobrirem com a ajuda do terapeuta o modo como a sua identidade masculina foi afetada negativamente — por sentimentos de rejeição por parte dos pais ou colegas ou por uma imagem negativa do seu corpo físico, que se traduz em tristeza, revolta e insegurança —, esses homens se curem do seu sofrimento emocional e a sua identidade masculina se veja fortalecida e diminua a atração pelo mesmo sexo.

No caso das mulheres, a terapia pode ajudá-las a descobrir como os conflitos com o pai ou com outros homens para elas importantes as levou a não confiar no amor masculino, ou como a falta de afeição maternal as fez ansiar profundamente pelo amor feminino. É de esperar que a descoberta das causas da sua revolta e tristeza as conduza ao perdão e à libertação.

Tudo isto demanda tempo. Neste aspecto, as pessoas que sofrem de atração pelo mesmo sexo não são diferentes dos muitos homens e mulheres que sofrem emocionalmente e têm necessidade de aprender a perdoar. O perdão vem-se mostrando um meio poderoso para a resolução dos efeitos de experiências dolorosas[50].

---

(50) Enright & Fitzgibbons, *Helping Clients Forgive*.

Os terapeutas católicos que trabalham com pacientes católicos devem sentir-se autorizados a usar da riqueza da espiritualidade católica para conseguir curá-los. As pessoas que revelam feridas emocionais causadas pelo pai podem ser incentivadas a desenvolver o seu relacionamento com Deus como um Pai amoroso. As que foram rejeitadas ou ridicularizadas pelos colegas na infância podem meditar em Jesus como irmão, amigo e protetor. As que se sentem ignoradas pela mãe podem procurar o amparo de Maria.

Há muitas razões para ter esperança de que, com o tempo, aqueles que buscam por vontade própria a libertação acabarão por encontrá-la, embora devamos reconhecer que há alguns que não conseguirão alcançar essa meta. Poderemos encontrar-nos na mesma situação daquele oncologista pediátrico que contou numa palestra como tinha sido o começo do seu trabalho. Disse que naquela altura não havia esperança para crianças com câncer e que era dever do médico ajudar os pais a aceitar o inevitável e a não desperdiçar os seus recursos em busca de uma «cura». Hoje, quase 70% dessas crianças se recuperaram. À medida que melhorar a prevenção e o tratamento da atração pelo mesmo sexo, as pessoas que vêm lutando contra essa atração precisarão, mais que nunca, de um apoio compassivo e delicado.

Parte II
RECOMENDAÇÕES

É muito importante que todo o católico que sinta atração pelo mesmo sexo saiba que há esperança e que pode encontrar ajuda. São componentes essenciais dessa ajuda os grupos de apoio, os terapeutas e os conselheiros espirituais que aderem inequivocamente aos ensinamentos da Igreja, ou que pelo menos tratam o ser humano e a sua saúde tendo muito presente a lei natural. Como as noções sobre a sexualidade são tão variadas no nosso país, os pacientes que procurem ajuda devem ser cautelosos e verificar se o grupo ou conselheiro acolhe os imperativos morais da Igreja Católica.

Uma das melhores e mais conhecidas agências católicas de apoio norte-americanas é uma entidade conhecida como *Courage*, que tem como filiada a organização *Encourage*.

Embora qualquer tentativa de ensinar a pecaminosidade da conduta homossexual possa ser recebida com acusações de homofobia, a verdade é que Cristo chama todos os homens e mulheres à castidade, de acordo com o estado de vida específico de cada qual. O desejo da Igreja de ajudar todas as pessoas a viverem castamente não é uma forma de condenar os que acham a castidade difícil. Pelo contrário, é a resposta compassiva de uma Igreja que procura imitar Cristo, o Bom Pastor.

É, pois, essencial que todo o católico que sinta atração pelo mesmo sexo tenha acesso fácil aos grupos de apoio, terapeutas e conselheiros espirituais que aderem à doutrina da Igreja e estão preparados para oferecer ajuda da mais elevada qualidade. Em muitos lugares, os únicos grupos de apoio disponíveis são dirigidos por cristãos evangélicos ou por pessoas que rejeitam os ensinamentos da Igreja. A comunidade católica tem o dever de corrigir essa omissão séria para ir em socorro desse segmento da população.

É particularmente trágico que o *Courage*, que tem desenvolvido uma excelente e autenticamente católica rede de grupos de apoio, não esteja presente em todas as dioceses e grandes cidades[1].

É muito doloroso saber de entidades católicas individuais que aconselham pessoas com atração pelo mesmo sexo a praticar a fidelidade no relacionamento homossexual, em vez de incentivá-las a praticar a castidade conforme o seu estado de vida. É enganoso dizer-lhes que é aceitável envolver-se em atos sexuais contanto que estes ocorram dentro do contexto de um relacionamento fiel.

Os ensinamentos da Igreja Católica sobre a moralidade sexual são explicitamente

---

[1] Para mais informações sobre o *Courage* Brasil, acesse: <www.couragebrasil.com> (N. do T.).

claros e não permitem exceções. Os católicos têm o direito de saber a verdade e aqueles que trabalham com ou para as instituições católicas têm a obrigação de expor essa verdade claramente.

Alguns clérigos e membros da comunidade, talvez por crerem erroneamente que a atração pelo mesmo sexo é um fator genético e imutável, têm encorajado as pessoas que experimentam atração pelo mesmo sexo a identificar-se publicamente com a comunidade gay, proclamando-se gays ou lésbicas, mas vivendo castamente na sua vida pessoal. Há várias razões pelas quais esse modo de proceder é errado:

1) Como se baseia na ideia falsa de que a atração pelo mesmo sexo é um aspecto imutável da pessoa, desanima os indivíduos no esforço por procurar ajuda;

2) A comunidade gay promove uma ética de conduta sexual que é a radical antítese da doutrina católica sobre a

sexualidade, e não esconde o seu desejo de eliminar a «erotofobia» e o «heterossexualismo». Não há nenhuma maneira de se poder conciliar a posição dos pregoeiros do movimento gay com as da Igreja Católica;

3) Esse modo de agir leva os indivíduos suscetíveis de ser tentados a procurar lugares que se devem considerar ocasiões próximas de pecado;

4) Cria uma falsa esperança de que a Igreja acabará por mudar os seus ensinamentos sobre a moral sexual.

Os católicos devem procurar ajudar as pessoas que experimentam atração pelo mesmo sexo e as que estão ativamente envolvidas em atos homossexuais — particularmente as que sofrem de doenças sexualmente transmissíveis — tratando-as com afeto, incutindo-lhes esperança, e levando-lhes a autêntica e inalterável mensagem de libertação do pecado por meio de Jesus Cristo.

O papel do sacerdote

É de primordial importância que os sacerdotes, quando encontram paroquianos com problemas de atração pelo mesmo sexo, tenham acesso a informações sólidas e a recursos genuinamente benéficos. Mas devem fazer mais do que simplesmente encaminhar as pessoas para agências de confiança. O sacerdote está numa posição única de prestar assistência espiritual específica aos que se encontram nessa situação. Deve, é claro, ser muito delicado quando lhe manifestam os seus intensos sentimentos de insegurança, culpa, vergonha, ira, frustração, tristeza e até mesmo medo. Mas isso não significa que não deva falar claramente dos ensinamentos da Igreja[2], da necessidade de perdão e cura na Confissão sacramental, da necessidade de evitar as ocasiões de pecado e da necessidade de uma profunda vida de

---

(2) Cf. *Catecismo da Igreja Católica*, n. 2357-2359.

oração. São numerosos os terapeutas persuadidos de que a fé religiosa desempenha uma parte crucial na recuperação das pessoas que se sentem atraídas pelo mesmo sexo ou que adquiriram o vício desse desvio sexual.

Quando uma pessoa se acusa em confissão de fantasias ou de atos homossexuais, o sacerdote deve saber que essas manifestações têm muitas vezes a sua origem em traumas sofridos na infância e na adolescência ou em alguma das carências não satisfeitas que se mencionaram atrás. Ajudar o penitente a abrir-se sobre esses problemas secretos e a fazer com que procure um tratamento direto é impedir que volte a sentir-se tentado e a cair assim em desespero.

Aqueles que rejeitam os ensinamentos da Igreja nesta matéria e incentivam os pacientes a entrar nas chamadas «uniões homossexuais amorosas estáveis» não conseguem entender que semelhante conselho não contribuirá para resolver esses problemas secretos. O sacerdote — além de animar esses indivíduos a recorrer à terapia e a tornar-se membros de um grupo de apoio — deve lembrar-se de que, por meio dos sacramentos, poderá ajudar os penitentes não só a sair da situação de pecado, mas também a combater as causas da atração pelo mesmo sexo.

A lista que se segue, embora não seja exaustiva, ilustra algumas das maneiras como o sacerdote pode ajudar os indivíduos que, a braços com esses problemas, procuram o sacramento da Reconciliação:

a) As pessoas que sentem atração pelo mesmo sexo ou se confessam de pecados nessa área, quase sempre carregam um fardo de profundo sofrimento emocional, tristeza e ressentimento contra os que os rejeitaram, menosprezaram ou magoaram, incluídos os pais, os amigos e os que abusaram deles sexualmente. O primeiro passo para a cura pode ser, como já dissemos, ajudá-las a perdoar[3].

b) É frequente que essas pessoas relatem uma longa história de experiências sexuais precoces e de traumatismos sexuais[4]. Muitas delas nunca falaram a ninguém dessas experiências[5] e carregam um terrível sentimento de culpa e vergonha. Em alguns casos, os que foram abusados sexualmente sentem-se culpados porque reagiram ao trauma entregando-se a um comportamento sexual desregrado. O sacerdote poderá pedir delicadamente que

---

(3) Richard Fitzgibbons, «The origins and therapy of same-sex attraction disorder», em C. Wolfe, *Homosexuality and American Public Life*, Spense, 1999, Washington, pp. 85-97.

(4) Lynda Doll *et al.*, «Self-reported childhood and adolescent sexual abuse among adult homosexual and bisexual men», *Child Abuse & Neglect*. 18, (1992), pp. 825-864.

(5) W. Stephan, «Parental relationships and early social experiences of activist male homosexuals and male heterosexuals», *Journal of Abnormal Psychology*, 82, 3(1973), pp. 506-513; Bell, *Sexual Preference*.

lhe falem dessas experiências precoces, garantindo-lhes que os seus pecados estão perdoados, e ajudando-os a encontrar a sua libertação pelo perdão aos outros.

c) As pessoas envolvidas em atividades homossexuais podem também sofrer de compulsão sexual[6], quer por se terem envolvido em formas extremas de conduta sexual, quer por terem trocado sexo por dinheiro[7]. Não é fácil vencer esse vício, e recorrer ao sacramento da Confissão pode ser o primeiro passo para a libertação. O sacerdote deve recordar ao penitente que até os pecados mais extremos nesta área podem ser perdoados, e incentivá-lo a resistir ao desespero e a perseverar,

---

(6) J. Beitchman *et al.*, «A review of the short-terms effects of child sexual abuse», *Child Abuse & Neglect*, 15 (1991), pp. 537-556; E. Goode, L. Haber, «Sexual correlates of homosexual experience: An exploratory study of college women», *Journal of Sex Research*, 13, 1 (1977), p. 12; Saghir, *Male and Female Homosexuality*.

(7) Saghir, *Male and Female Homosexuality*.

recomendando-lhe ao mesmo tempo algum grupo de apoio que tenha por fim ajudar a enfrentar o vício.

d) Os indivíduos com atração pelo mesmo sexo muitas vezes abusam do álcool, de drogas legais e ilegais[8]. Tal abuso poderá enfraquecer a resistência à tentação sexual. O sacerdote pode recomendar que essas pessoas se inscrevam num grupo de apoio que cuide especificamente desses problemas.

e) Também são frequentes o desespero e os pensamentos de suicídio na vida de pessoas aflitas com a atração pelo mesmo sexo[9]. O sacerdote pode assegurar a esses

---

[8] L. Fifield, J. Latham, C. Phillips, «Alcoholism in the Gay Community: The Price of Alienation, Isolation and Oppression», Los Angeles CA: Gay Community Service Center; Saghir, *Male and Female Homosexuality*.

[9] Beitchman «A review of the short-terms effects»; Herrell, «A co-twin control study»; Fergusson, «Is sexual orientation related to mental health problems»; Cochran, «Prevalence of mental disorders».

penitentes que há muitas razões para terem a esperança de que a situação mudará e que Deus os ama e quer que vivam uma vida plena e feliz. Mais uma vez, perdoar aos outros pode ser extremamente útil.

f) Essas pessoas podem sofrer de problemas espirituais tais como inveja[10] ou autopiedade[11]. É importante que não sejam tratadas como se as tentações sexuais fossem o seu único problema.

g) A maioria esmagadora dos homens e mulheres que experimentam atração pelo mesmo sexo queixam-se de ter tido um relacionamento muito insatisfatório com o pai[12]. O sacerdote, como figura paterna

---

(10) Org Hurst, *Homosexuality: Laying the Axe to the Roots*, Outpost, Minneapolis, 1980.

(11) Gerard van den Aardweg, *Homophilia, Neurosis and the Compulsion to Complain*, Amsterdam, 1967.

(12) L. Apperson, W. McAdoo, «Parental factors in the childhood of homosexuals», *Journal of Abnormal Psychology*, 73, 3 (1968), pp. 201-206; E. Bene, «On the genesis of male homosexuality: An attempt at

amorosa e acolhedora, poderá começar, mediante os sacramentos, o trabalho de reparar os danos e facilitar um relacionamento de cura com Deus Pai. Pode também ser-lhe de muita ajuda fomentar a devoção a São José.

O sacerdote tem de ser consciente da profundidade da cura de que precisam essas pessoas que sofrem de um conflito interno muito sério. Tem de ser uma fonte de esperança para os que desesperam, de perdão para os que erram, de coragem para os fracos, de ânimo para os corações pusilânimes e às vezes uma

---

clarifying the role of the parents», *British Journal of Psychiatry*, 111 (1965), pp. 803-813; Irving Bieber, Toby Bieber, «Male homosexuality», *Canadian Journal of Psychiatry*, 24, 5 (1979), pp. 409-421: S. Fisher, R. Greenberg, *Freud Scientifically Reappraisal*, (Nova York: Wiley & Sons, 1996); Richard Pillard, «Sexual orientation and mental disorder», *Psychiatric Annals*, 18, 1 (1988), pp. 52-56: I. Sipova, A. Brzek, «Parental and interpersonal relationships of transsexual and masculine and feminine homosexual men», em *Homosexuals and Social Roles*, Haworth, Nova York, 1983, 75-85.

figura paterna amorosa para os emocionalmente feridos. Em resumo, deve ser Jesus para esses amados filhos de Deus que se acham numa situação muito difícil. Deve ser pastoralmente sensível, mas deve também ser pastoralmente firme, imitando, como sempre, o Jesus compassivo que curava e perdoava setenta vezes sete, mas que sempre lembrava: «Vai e não tornes a pecar», não tornes a cometer esse pecado.

Os profissionais médicos católicos

Os pediatras devem conhecer os sintomas do transtorno de identidade de gênero e o problema da falta de masculinidade infantil crônica. Esses profissionais têm um papel importantíssimo na identificação de sentimentos hostis e depressivos na mãe. Quando o problema é identificado e tratado logo no começo, há todos os motivos para alimentar a esperança de que esse problema possa ser resolvido com sucesso[13]. Embora o motivo principal para tratar as crianças seja aliviar a sua infelicidade do momento[14], o tratamento do transtorno de identificação de gênero pode prevenir o desenvolvimento da atração pelo mesmo sexo e os problemas ligados à atividade homossexual na adolescência e na idade adulta.

A maioria dos pais não quer que o seu filho se envolva na conduta homossexual, mas muitas vezes os pais de filhos em risco relutam em procurar o tratamento[15]. A esses pais, é necessário informá-los de que, se não intervierem, 75% das crianças que manifestam esses sintomas na infância acabarão por experimentar mais

---

(13) Zucker & Bradley, *Gender Identity Disorder*; L. Newman, «Treatment for the parents of feminine boys», *American Journal of Psychiatry*. 133, 6 (1976), pp. 683-687.

(14) Newman, «Treatment for the parents of feminine boys», *American Journal of Psychiatry*. 133, 6 (1976), pp. 683-687.

(15) Zucker & Bradley, *Gender Identity Disorder*.

tarde a atração pelo mesmo sexo[16], com os consequentes riscos ligados à atividade homossexual[17].

A cooperação dos pais é, pois, extremamente importante para que a intervenção na infância tenha sucesso, e para isso os pediatras devem estar familiarizados com a literatura que existe sobre a matéria.

Ao encontrarem pacientes com doenças sexualmente transmissíveis adquiridas por atividade homossexual, cabe aos médicos informá-los de que existe terapia psicológica disponível, bem como grupos de apoio, e de que aproximadamente 30% dos pacientes que querem sair da

---

(16) Susan Bradley, Kenneth Zucker, «Drs. Bradley and Zucker reply», *Journal of the American Academy of Child and Adolescent Psychiatry*, 37, 3 (1998), pp. 244-245.

(17) R. Stall, J. Wiley, «A comparison of alcohol and drug use patterns of homosexual and heterosexual men», *Drug and Alcohol Dependence*. 22 (1988), pp. 63--73; Gabriel Rotello, *Sexual Ecology: AIDS and the Destiny of Gay Men* (Nova York: Dutton, 1997).

sua situação conseguem alcançar uma mudança na sua orientação sexual. Em termos de prevenção de doenças, outros 30% conseguem permanecer celibatários ou eliminar as condutas de alto risco. Os médicos devem também perguntar a esses pacientes se abusam das drogas, e recomendar-lhes um tratamento adequado, já que muitos estudos associam a esse abuso a infecção de doenças sexualmente transmissíveis[18]. Mesmo antes da epidemia da AIDS, houve estudos que revelavam que 63% dos homens com atividades homossexuais tinham contraído doenças sexualmente transmissíveis por essa causa[19].

Apesar de todas as campanhas educativas sobre a AIDS, os epidemiologistas preveem que, num futuro próximo, os

---

(18) G. Mulry, S. Kalichman, J. Kelly, «Substance use and unsafe sex among gay men», *Journal of Sex Educators and Therapy*, 20, 3(1994), pp. 175-184.

(19) Bell, *Homosexualities*.

homens que mantêm relações sexuais com outros homens continuarão a ser um grupo de alto risco para o HIV[20]. Expõem-se também ao risco de contrair sífilis, gonorreia, hepatite A, B ou C, Vírus de Papiloma (HPV) e muitas outras doenças.

Os profissionais de saúde mental devem familiarizar-se com as obras de terapeutas que tiveram sucesso no tratamento de indivíduos que experimentavam atração pelo mesmo sexo. Como essa atração não tem origem numa única causa, cada paciente poderá precisar de um tipo diferenciado de tratamento. Uma opção que se deveria considerar também é combinar

---

(20) D. Hoover *et al.*, «Estimating the 1978-1990 and future spread of human immunodeficiency virus type 1 in subgroups of homosexual men», *American Journal of Epidemiology*, 134, 10 (1991), pp. 1190-1205; M. Morris, L. Dean, «Effects of sexual behavior change on long-term HIV prevalence among homosexual men», *American Journal of Epidemiology*, 140, 3(1994), pp. 217-232.

a terapia com a participação do paciente num grupo de apoio.

Os professores nas instituições católicas

Os professores nas instituições católicas têm o dever de defender os ensinamentos da Igreja sobre a moral sexual, de se opor a informações falsas sobre a atração pelo mesmo sexo e de informar os adolescentes em risco ou já homossexualmente envolvidos sobre os meios de ajuda de que dispõem. Devem continuar a resistir à pressão de incluir no currículo informações sobre a camisinha para favorecer os adolescentes homossexualmente ativos. Numerosos estudos têm revelado que informações sobre a camisinha são ineficazes na prevenção da transmissão de doenças na população de risco[21].

---

(21) R. Stall, T. Coates, C. Hoff, «Behavioral risk reduction for HIV infection among gay and bisexual men», *American Psychologist*. 43, 11(1988), pp. 878-885;

Os ativistas dos direitos dos gays têm insistido em que os adolescentes em risco entrem em contato com grupos de apoio que os ajudarão a assumir a sua homossexualidade. Não há nenhuma evidência de que a participação nesses grupos sirva para impedir as consequências negativas de longo prazo ligadas à atividade homossexual. Tais grupos nunca incentivarão os adolescentes a evitar o pecado nem os animarão a viver castamente de acordo com o seu estado de vida.

Os educadores também têm a obrigação de parar de ridicularizar as crianças que não aderem às normas de gênero. É necessário criar e oferecer recursos — planos de lições e estratégias para combater o ambiente de ridicularização das crianças em risco — aos professores em

---

L. Calabrese, B. Harris, K. Easley, «Analysis of variables impacting on safe sexual behavior among homosexual men in the area of low incidence for AIDS», Washington DC, (1987); Hoover, «Estimating the 1978-1990».

escolas católicas e aos que se encarregam de programas de educação religiosa nas paróquias e em outras instituições. É necessário educar os educadores.

As famílias católicas

Quando pais católicos descobrem que o seu filho ou filha experimenta atração pelo mesmo sexo ou se envolveu em atividades homossexuais, muitas vezes sentem-se desolados e esmagados. Temendo pela saúde, felicidade e salvação de um filho, geralmente ficam aliviados quando são informados de que a atração pelo mesmo sexo pode ser tratada e prevenida. Podem procurar apoio de outros pais em organizações como *Encourage*. E também devem ser capazes de compartilhar o seu pesadelo com amigos e famílias próximas.

Devem ser informados dos sintomas da Desordem de Identidade de Gênero e incentivados a tomar esses sintomas a sério. Não devem demorar-se a procurar profissionais de saúde mental qualificados e moralmente preparados.

Mães e pais podem também preparar-se para lidar com a questão se souberem como construir um relacionamento afetivo melhor com os filhos, sem apego excessivo nem distanciamento frio. A mãe e o pai, por meio da sua relação com a criança, devem querer estabelecer as bases não só do desenvolvimento emocional saudável, mas também as bases da fé em Deus como um Pai amoroso que perdoa, e da compreensão da maternidade espiritual da Santíssima Virgem Maria.

A comunidade católica

Houve um tempo, num passado não muito distante, em que as mulheres solteiras que engravidavam, bem como as que recorriam ao aborto, eram alvo de críticas e condenações cruéis. A legalização do aborto nos EUA forçou a Igreja a enfrentar essa questão e a tratar de um modo positivo as mulheres que se encontravam numa gravidez «indesejada» ou sofriam de um trauma pós-aborto. Em poucos anos, a abordagem das dioceses, das paróquias e dos fiéis católicos mudou e hoje a verdadeira caridade cristã é a norma, e não a exceção. Do mesmo modo, devem mudar as atitudes para com a atração pelo mesmo sexo, desde que cada instituição católica faça a sua parte.

Os que sentem atração pelo mesmo sexo, os que se envolvem em conduta homossexual, assim como as suas famílias, sentem-se muitas vezes excluídos da preocupação caritativa da comunidade católica. Uma dos maneiras de fazê-los saber que a comunidade se importa com eles é oferecer, como parte das intenções durante a missa, orações por eles e pelas suas famílias.

Os que trabalham nos meios de comunicação católicos devem estar a par dos ensinamentos da Igreja e dos recursos para a prevenção e o tratamento. Convém imprimir e distribuir, a partir das próprias paróquias, folhetos e outros materiais que transmitam claramente a doutrina da Igreja e deem informações sobre os recursos disponíveis nesta matéria.

Quando um jornalista de um meio de comunicação católico, um professor numa instituição católica ou um padre fazem declarações inexatas sobre a doutrina da Igreja ou dão a impressão de que a atração pelo mesmo sexo é determinada geneticamente e imutável, cabe aos leigos oferecer informações para que corrijam esses erros.

Os bispos

A Associação Médica Católica reconhece a responsabilidade que o bispo diocesano tem de garantir a ortodoxia do ensino no âmbito da sua diocese. Isso inclui, sem dúvida, instruções claras sobre a natureza e propósito das relações sexuais entre as pessoas e a pecaminosidade das relações impróprias. A AMC espera trabalhar com bispos e padres para auxiliar a estabelecer adequados grupos de apoio e modelos terapêuticos aos que lutam com a atração pelo mesmo sexo. Embora os programas tais como *Courage* e *Encourage* sejam úteis e valiosos e os apoiemos ativamente, estamos certos de que há outras maneiras de proporcionar ajuda e estamos dispostos a trabalhar com qualquer programa psicológica, espiritual e moralmente bom.

Igreja, política e homossexualidade

A primeira edição deste texto foi distribuída em muitos lugares e geralmente teve bom acolhimento. No entanto, não foram poucas as críticas. Muitos alegaram que nos baseávamos em pesquisas ultrapassadas. Assim, levamos a cabo uma profunda reformulação deste informativo. Nenhum dado novo refuta as conclusões da primeira edição. Curiosamente, os ativistas pró-homossexualidade citam frequentemente em seus escritos os estudos de Alfred Kinsey, Kallman, entre outros, feitos há mais de cinquenta anos e permeados de falhas grosseiras[22].

O certo é que muitas das críticas recebidas não eram fruto de pesquisas científicas, mas de opiniões políticas, emitidas por profissionais com comportamento homossexual que eram membros de instituições dedicadas a difundir ideias em favor da homossexualidade.

Em 1973, como vimos, a Associação Americana de Psicologia (APA, na sigla em inglês) retirou a homossexualidade do seu catálogo de distúrbios psíquicos. E a política teve um papel determinante nessa decisão, ainda que alguns dos envolvidos

---

(22) Alfred Kinsey *et al.*, *Sexual Behavior in the Human Male* (Philadelphia, 1948); Alfred Kinsey *et al.*, *Sexual Behavior in the Human Female*, (Philadelphia, 1953); Franz Kalllman, «Twin and sibship study of overt male homosexuality», *American Journal of Human Genetics*, 4, 2 (1952), pp. 136-146.

estivessem animados do desejo sincero de diminuir o preconceito contra as pessoas com tendência homossexual[23].

Após essa medida, várias associações profissionais passaram a emitir declarações de princípio claramente a favor da homossexualidade. A maioria delas reconhece ter sido influenciado pela decisão da APA. E algumas chegaram ao ponto de atacar as religiões, que ensinam que os atos homossexuais são sempre contrários à lei moral, pois tal doutrina incitaria à discriminação e à violência. Em consequência disso, ainda hoje vemos jornais com artigos que atacam as instituições religiosas, e terapeutas que incentivam pacientes a abandonar as religiões e a aceitar o comportamento homossexual. Muitos deles afirmam ter provas de que os ensinamentos da moral religiosa sobre a

---

(23) Ronald Bayer, *Homosexuality and American Psychiatry: The Politics of Diagnosis*, Basic Books: Nova York, 1981.

sexualidade não são divinamente inspirados, alegação certamente fora de sua área de especialização[24].

Além disso, as associações que influíram na decisão da APA e hoje continuam a influir em muitas pessoas, já ampliou o seu *lobby* para questões como a redefinição do casamento para incluir casais do mesmo sexo e a adoção de menores por casais do mesmo sexo. Ao fazerem isso, muitas vezes aludem a pesquisas que na verdade são inválidas e ignoram sistematicamente as provas do valor que tem para uma criança crescer dentro de uma família normal[25].

---

(24) Bruce Rind, «Sexual orientation change and informed consent in reparative therapy», (em *Ex-Gay Research*) 169: «The Judeo-Christian condemnation of homosexuality is socially constructed rather than divinely inspired»; American Psychiatric Association, «Therapies Focused on Attempts to Change Sexual Orientation (Reparative or Conversion Therapies)»; COPP Position Statement, 2000.

(25) Heritage Foundation, *Family Facts*: *Social Science Research on Family, Society & Religion*: www.heritage.org/research/features/familydatabase.

Essa politização do debate sobre a homossexualidade acaba por confundir o público em geral, que pressupõe que as declarações que ouve se fundamentam em pesquisas mais recentes e confiáveis. O objetivo claro é convencer o público de que a atração pelo mesmo sexo nunca é um distúrbio psicológico, mas simplesmente uma variante natural da sexualidade humana, de que as pessoas nascem assim e não podem mudar, de que o comportamento homossexual não é moralmente errado, e de que os problemas psicológicos das pessoas com tendência homossexual são causados pela rejeição da sociedade. Nada disto se baseia em pesquisa séria. Aliás, algumas pessoas na comunidade gay e lésbica têm-se perguntado como é possível confiar numa ciência distorcida[26].

A Igreja apoia plenamente os esforços por eliminar a discriminação injusta

---

(26) Kirkby, «No need to lie».

contra as pessoas com tendência homossexual, mas isso não muda o seu dever de falar claramente sobre as questões morais. A Igreja reconhece que a inclinação homossexual, em vários casos, não é algo que as pessoas escolham e que lhes causa muito sofrimento. Procura, portanto, incentivar a compaixão. Infelizmente, o chamado à compaixão vem sendo mal interpretado. Em 1986, o Vaticano sentiu-se obrigado a esclarecer que «a condição homossexual» em si não é, como dizem alguns, «neutra ou mesmo boa», mas «uma tendência, mais ou menos acentuada, para um comportamento intrinsecamente mau do ponto de vista moral. Por este motivo, a própria inclinação deve ser considerada como objetivamente desordenada». Numa declaração de 2005, explicando por que as pessoas com tendências homossexuais não podem ser admitidas nos seminários, o Vaticano afirmou que os candidatos ao ministério sacerdotal «devem ter atingido a maturidade afetiva», a fim de desenvolverem «um verdadeiro sentido de paternidade espiritual». Por outro lado, um homem com «profundas tendências homossexuais», mesmo que consiga viver o celibato, não é um candidato adequado ao sacerdócio. A declaração distingue entre problemas profundos e problemas transitórios, reconhecendo que estes podem ser superados.

Isto coloca o ensinamento da Igreja em conflito direto com as declarações de diversas organizações profissionais, órgãos de comunicação e grupos de pressão. Há, no entanto, uma divisão filosófica mais profunda. De um lado, estão aqueles que desejam criar uma cultura de «afirmação do sexo», na qual desde a infância os indivíduos são incentivados a buscar o prazer sexual sozinhos ou com outros, independentemente da idade, sexo, número de pessoas envolvidas, estado civil ou risco. Esses cidadãos encaram com desdém a castidade, a abstinência e o celibato. Ora, isso está em nítido contraste com os ensinamentos da Escritura e da Igreja. O prazer sexual deve ser fruído dentro do casamento entre um homem e uma mulher. Há uma quantidade enorme de pesquisas que comprovam o valor de limitar os atos sexuais ao matrimônio[27]. O casamento promove o bem-estar dos indivíduos, principalmente das mulheres e crianças, e da sociedade.

Aqueles que defendem a cultura de «afirmação do sexo», no seu esforço por ganhar o apoio da opinião pública, escondem os seus verdadeiros interesses, o seu verdadeiro objetivo, e distorcem as provas. O estilo de vida que pregam dissemina doenças, leva ao aborto, a crianças sem pai, ao divórcio e ao sofrimento emocional. Muitos desses ativistas reconhecem os problemas que criam, mas, dada a sua visão de que o prazer

---

(27) Heritage Foundation, *Family Facts*.

sexual é o valor mais alto e deve ser buscado a todo o custo, fazem campanhas para que a sociedade direcione os seus recursos para as consequências em vez de evitar o problema. Isto explica a sua defesa estridente da educação para o uso de preservativos, das vacinas para prevenir doenças sexualmente transmissíveis e do aborto. A fé da Igreja é definitivamente incompatível com essa visão. E o debate filosófico não pode ser resolvido com pesquisas.

Há bastantes provas no mundo todo de que as leis contra a homofobia podem ser usadas para restringir a liberdade da Igreja de pregar e ensinar. A Igreja não deve defender apenas o direito de proclamar a verdade que recebeu, mas também os direitos dos pais sobre a educação dos filhos e o direito do público de opor-se à agenda pró-homossexualidade, sem medo de acusações de «discriminação» ou «homofobia».

Ser solidários, mas fiéis ao ensinamento da Igreja

Neste estudo, fazemo-nos eco dos ensinamentos da Igreja Católica contidos no *Catecismo da Igreja Católica*, principalmente nos pontos sobre a sexualidade. «Todas as pessoas batizadas são chamadas à castidade» (n. 2348). «Os casados são chamados a viver a castidade conjugal, outros praticam a castidade em continência» (n. 2349). «A tradição sempre declarou que os atos homossexuais são intrinsecamente desordenados. [...] Sob nenhuma circunstância podem ser aprovados» (n. 2357).

É possível, com a graça de Deus, que todas as pessoas vivam uma vida casta, mesmo as que experimentam atração pelo mesmo sexo, conforme declarou de modo tão corajoso o Cardeal George, arcebispo de Chicago, no discurso que pronunciou na Associação Nacional de Ministérios Diocesanos Católicos para Gays e Lésbicas: «Negar que o poder da graça de Deus torna os que sentem atração pelo mesmo sexo capazes de viver castamente é negar, em última análise, que Jesus ressuscitou dos mortos».

Há certamente circunstâncias, tais como transtornos psicológicos e experiências traumáticas, que podem às vezes tornar essa castidade mais difícil, e há situações que podem diminuir seriamente a responsabilidade de um indivíduo por deslizes nessa matéria.

Mas essas circunstâncias e condições não neutralizam a livre vontade nem eliminam o poder da graça. Embora muitos homens e mulheres que sentem atração pelo mesmo sexo digam que o seu desejo sexual é uma inclinação «natural»[28], isso de forma alguma indica uma predeterminação genética ou uma condição imutável.

---

(28) B. Chapman, J. Brannock, «Proposed model of lesbian identity development: An empirical examination», *Journal of Homosexuality*, 14(1987), pp. 69-80.

Há pessoas que se entregaram à atração pelo mesmo sexo por lhes terem dito que já nasceram homossexuais e que lhes é impossível mudar o seu estilo sexual. Tais pessoas podem sentir que é inútil e uma perda de tempo resistir a essa atração, e acabam por adotar uma «identidade gay». São pessoas que, nesse caso, podem sentir-se oprimidas ao verem que a sociedade e as religiões, de modo particular a Igreja Católica, não aceitam a sua inclinação para os atos homossexuais[29].

COMPAIXÃO VERDADEIRA

Os católicos devem aproximar-se com amor e compaixão daqueles que sofrem. Por outro lado, têm o dever de defender

---

(29) Joseph Neisen, «Healing from Cultural victimization: Recovery from Shame due to heterosexism», *Journal of Gay & Lesbian Psychotherapy*, I 2, 1 (1993), p. 49; Barry Schreier, «Of shoes, and ships, and sealing wax: The faulty and specious assumptions of sexual reorientation therapies», *Journal of Mental Health Counseling*, 20, 4 (1998), pp. 305-314.

os direitos ameaçados pelos ativistas pró-homossexualidade.

Jeffrey Satinover, Doutor em Medicina e Filosofia, escreveu sobre a sua vasta experiência com pacientes que sofrem de atração homossexual:

> Tenho tido a extraordinária felicidade de encontrar muitas pessoas que conseguiram sair do estilo de vida gay. Quando vejo as dificuldades que encontraram, a coragem que revelaram não só para enfrentar essas dificuldades, mas também para opor-se a uma cultura que usa de todos os meios possíveis para negar a validade dos seus valores, metas e experiências, fico verdadeiramente admirado. São essas pessoas — ex-homossexuais e aqueles que ainda continuam a lutar, nos EUA e em outros países — que permanecem para mim como um modelo de tudo o que é bom e possível num mundo que leva muito a sério o

coração humano e o Deus desse coração. Nas minhas várias pesquisas no mundo da psicanálise, psicoterapia e psiquiatria, realmente nunca vi antes nenhuma cura tão profunda[30].

Aqueles que querem libertar-se da atração pelo mesmo sexo frequentemente voltam-se em primeiro lugar para a Igreja. A AMC quer ter a certeza de que eles encontrem a ajuda e a esperança que procuram. Há muitas razões para ter a esperança de que todos os que experimentam atração pelo mesmo sexo e procuram a ajuda da Igreja possam ver-se livres da conduta homossexual e muitos possam encontrar o caminho certo. Mas eles só se aproximarão se encontrarem amor em nossas palavras e atitudes.

Se os profissionais da saúde católicos não conseguiram no passado atender às

---

(30) Jeffrey Satinover, *Homosexuality and the Politics of Truth*, Baker, Grand Rapids, Baker, 1996.

necessidades dessa população sofredora, se falharam no esforço ativo por desenvolver terapias eficientes de prevenção e tratamento, ou se não conseguiram tratar os pacientes que tinham esses problemas com o respeito devido a cada pessoa — pedimos perdão.

A Associação Médica Católica reconhece que os profissionais da área da saúde têm um dever especial nesta área e espera que este documento os ajude a cumprir esse dever conforme os princípios da fé católica.

CONSIDERAÇÕES SOBRE OS PROJETOS DE RECONHECIMENTO LEGAL DAS UNIÕES ENTRE PESSOAS HOMOSSEXUAIS

Congregação para a Doutrina da Fé

Introdução

1. Diversas questões relativas à homossexualidade foram recentemente tratadas várias vezes pelo Santo Padre João Paulo II e pelos competentes Dicastérios da Santa Sé[1]. Trata-se, com efeito, de

---

(1) Cf. João Paulo II, *Alocuções por ocasião da recitação do Angelus*, 20 de Fevereiro de 1994 e 19 de Junho de 1994; *Discurso aos participantes na Assembleia Plenária do Conselho Pontifício para a Família*, 24 de

um fenômeno moral e social preocupante, mesmo nos países onde ainda não se tornou relevante sob o ponto de vista do ordenamento jurídico. A preocupação é, todavia, maior nos países que já concederam ou se propõem conceder reconhecimento legal às uniões homossexuais, estendendo-o, em certos casos, à capacidade para adotar filhos.

As presentes Considerações não contêm elementos doutrinais novos; pretendem apenas recordar os pontos essenciais sobre o referido problema e fornecer

---

Março de 1999; *Catecismo da Igreja Católica*, nn. 2357-2359, 2396; Congregação para a Doutrina da Fé, *Declaração Persona humana*, 29 de Dezembro de 1975, n. 8; *Carta sobre a cura pastoral das pessoas homossexuais*, 1 de Outubro de 1986; *Algumas Considerações sobre a Resposta a propostas de lei em matéria de não discriminação das pessoas homossexuais*, 24 de Julho de 1992; Conselho Pontifício para a Família, *Carta aos Presidentes das Conferências Episcopais da Europa sobre a resolução do Parlamento Europeu em matéria de cópias homossexuais*, 25 de Março de 1994; *Família, matrimônio e «uniões de facto»*, 26 de Julho de 2000, n. 23.

algumas argumentações de caráter racional, que possam ajudar os bispos a formular intervenções mais específicas, de acordo com as situações particulares das diferentes regiões do mundo: intervenções destinadas a proteger e promover a dignidade do matrimônio, fundamento da família, e a solidez da sociedade, de que essa instituição é parte constitutiva. Têm ainda por fim iluminar a atividade dos políticos católicos, a quem se indicam as linhas de comportamento coerentes com a consciência cristã, quando tiverem de se confrontar com projetos de lei relativos a este problema[2].

Tratando-se de uma matéria que diz respeito à lei moral natural, as seguintes argumentações são propostas não só aos crentes, mas a todos os que estão

---

(2) Cf. Congregação para a Doutrina da Fé, *Nota doutrinal sobre algumas questões relativas ao empenho e comportamento dos católicos na vida política*, 24 de Novembro de 2002, n. 4.

empenhados na promoção e defesa do bem comum da sociedade.

I. *Natureza e características irrenunciáveis do matrimônio*

2. O ensinamento da Igreja sobre o matrimônio e sobre a complementaridade dos sexos propõe uma verdade, evidenciada pela reta razão e reconhecida como tal por todas as grandes culturas do mundo. O matrimônio não é uma união qualquer entre pessoas humanas. Foi fundado pelo Criador, com uma natureza, propriedades e finalidades essenciais[3]. Nenhuma ideologia pode cancelar do espírito humano a certeza de que só existe matrimônio entre duas pessoas de sexo diferente que, através da recíproca doação pessoal — que lhes é própria e exclusiva —, tendem à comunhão das suas pessoas. Assim se aperfeiçoam

---

(3) Cf. Concílio Vaticano II, Constituição pastoral *Gaudium et spes*, n. 48.

mutuamente para colaborar com Deus na geração e educação de novas vidas.

3. A verdade natural sobre o matrimônio foi confirmada pela Revelação contida nas narrações bíblicas da criação e que são, ao mesmo tempo, expressão da sabedoria humana originária, em que se faz ouvir a voz da própria natureza. São três os dados fundamentais do plano criador relativamente ao matrimônio, de que fala o Livro do Gênesis.

Em primeiro lugar, o homem, imagem de Deus, foi criado *homem e mulher* (Gn 1, 27). O homem e a mulher são iguais enquanto pessoas e complementares enquanto homem e mulher. A sexualidade, por um lado, faz parte da esfera biológica e, por outro, é elevada na criatura humana a um novo nível, o pessoal, onde corpo e espírito se unem.

Depois, o matrimônio é instituído pelo Criador como forma de vida em que se realiza aquela comunhão de pessoas que requer o exercício da faculdade sexual.

Por isso, o homem deixará o seu pai e a sua mãe e unir-se-á à sua mulher, e os dois tornar-se-ão uma só carne (Gn 2, 24).

Por fim, Deus quis dar à união do homem e da mulher uma participação especial na sua obra criadora. Por isso, abençoou o homem e a mulher com as palavras: *Sede fecundos e multiplicai-vos* (Gn 1, 28). No plano do Criador, a complementaridade dos sexos e a fecundidade pertencem, portanto, à própria natureza da instituição do matrimônio.

Além disso, a união matrimonial entre o homem e a mulher foi elevada por Cristo à dignidade de sacramento. A Igreja ensina que o matrimônio cristão é sinal eficaz da aliança de Cristo e da Igreja (cf. Ef 5, 32). Este significado cristão do matrimônio, longe de diminuir o valor profundamente humano da união matrimonial entre o homem e a mulher, confirma-o e fortalece-o (cf. Mt 19, 3-12; Mc 10, 6-9).

4. Não existe nenhum fundamento para equiparar ou estabelecer analogias, mesmo

remotas, entre as uniões homossexuais e o plano de Deus sobre o matrimônio e a família. O matrimônio é santo, ao passo que as relações homossexuais estão em contraste com a lei moral natural. Os atos homossexuais, com efeito, «fecham o ato sexual ao dom da vida. Não são fruto de uma verdadeira complementaridade afetiva e sexual. De maneira nenhuma se podem aprovar»[4].

Na Sagrada Escritura, as relações homossexuais «são condenadas como graves depravações... (cf. Rm 1, 24-27; 1 Cor 6, 9-10; 1 Tm 1, 10)[5]. Desse juízo

---

(4) *Catecismo da Igreja Católica*, n. 2357.

(5) *Por isso, Deus os entregou aos desejos dos seus corações, à imundície, de modo que desonraram entre si os próprios corpos. Trocaram a verdade de Deus pela mentira, e adoraram e serviram à criatura em vez do Criador, que é bendito pelos séculos, amém! Por isso, Deus os entregou a paixões vergonhosas: as suas mulheres mudaram as relações naturais em relações contra a natureza* (Rm 1, 24-27).

Acaso não sabeis que os injustos não hão de possuir o Reino de Deus? Não vos enganeis: nem os impuros, nem os idólatras, nem os adúlteros, nem os efeminados, nem os devassos, nem os ladrões, nem os avarentos, da Escritura não se pode concluir que todos os que sofrem de semelhante anomalia sejam pessoalmente responsáveis por ela, mas nele se afirma que os atos de homossexualidade são intrinsecamente desordenados»[6]. Idêntico juízo moral se encontra em muitos escritores eclesiásticos dos primeiros séculos[7], e foi unanimemente aceite pela Tradição católica.

Também segundo o ensinamento da Igreja, os homens e as mulheres com tendências homossexuais «devem ser acolhidos com respeito, compaixão e delicadeza. Deve evitar-se, para com eles, qualquer

---

nem os bêbados, nem os difamadores, nem os assaltantes hão de possuir o Reino de Deus (1 Cor 6, 9-10).

A Lei não foi feita para o justo, mas para [...] os impudicos, os infames, os traficantes de homens, os mentirosos, os perjuros e tudo o que se opõe à sã doutrina (1 Tm 1, 10).

(6) Congregação para a Doutrina da Fé, Declaração *Persona humana*, 29 de Dezembro de 1975, n. 8.

(7) Cf. por exemplo, São Policarpo, *Carta aos Filipenses*, V, 3; São Justino, *Primeira Apologia*, 27, 1-4; Atenágoras, *Súplica em favor dos cristãos*, 34.

atitude de injusta discriminação»[8]. Essas pessoas, por outro lado, são chamadas, como os demais cristãos, a viver a castidade[9]. A inclinação homossexual é, todavia, «objetivamente desordenada»[10], e as práticas homossexuais «são pecados gravemente contrários à castidade»[11].

II. Atitudes perante o problema das uniões homossexuais

5. Em relação ao fenômeno das uniões homossexuais, existentes de fato, as autoridades civis assumem diversas atitudes: por vezes, limitam-se a tolerar o fenômeno;

---

(8) *Catecismo da Igreja Católica*, n. 2358; cf. Congregação para a Doutrina da Fé, *Carta sobre a cura pastoral das pessoas homossexuais*, 1 de Outubro de 1986, n. 10.

(9) Cf. *Catecismo da Igreja Católica*, n. 2359; Congregação para a Doutrina da Fé, *Carta sobre a cura pastoral das pessoas homossexuais*, 1 de Outubro de 1986, n. 12.

(10) *Catecismo da Igreja Católica*, n. 2358.

(11) *Ibidem*, n. 2396.

outras vezes, promovem o reconhecimento legal dessas uniões, com o pretexto de evitar, relativamente a certos direitos, a discriminação de quem convive com uma pessoa do mesmo sexo; nalguns casos, chegam mesmo a favorecer a equivalência legal das uniões homossexuais com o matrimônio propriamente dito, sem excluir o reconhecimento da capacidade jurídica de vir a adotar filhos.

Onde o Estado assume uma política de tolerância de fato, sem implicar a existência de uma lei que explicitamente conceda um reconhecimento legal de tais formas de vida, há que discernir bem os diversos aspectos do problema. É imperativo da consciência moral dar, em todas as ocasiões, testemunho da verdade moral integral, contra a qual se opõem tanto a aprovação das relações homossexuais como a injusta discriminação para com as pessoas homossexuais. São úteis, portanto, intervenções discretas e prudentes, cujo conteúdo poderia ser, por exemplo, o seguinte:

desmascarar o uso instrumental ou ideológico que se possa fazer da referida tolerância; afirmar com clareza o caráter imoral desse tipo de união; advertir o Estado para a necessidade de conter o fenômeno dentro de limites que não ponham em perigo o tecido da moral pública e que, sobretudo, não exponham as jovens gerações a uma visão errada da sexualidade e do matrimônio, que os privaria das defesas necessárias e, ao mesmo tempo, contribuiria para difundir o próprio fenômeno. Àqueles que, em nome dessa tolerância, entendessem chegar à legitimação de específicos direitos para as pessoas homossexuais conviventes, há que lembrar-lhes que a tolerância do mal é muito diferente da aprovação ou legalização do mal.

Em presença do reconhecimento legal das uniões homossexuais ou da equiparação legal das mesmas ao matrimônio, com acesso aos direitos próprios deste último, é um dever opor-se-lhe de modo claro e incisivo. Há que abster-se de qualquer forma de cooperação formal na promulgação ou aplicação de leis tão gravemente injustas e, na medida do possível, abster-se também da cooperação material no plano da aplicação. Nesta matéria, cada qual pode reivindicar o direito à objeção de consciência.

III. Argumentações racionais contra o reconhecimento legal das uniões homossexuais

6. A compreensão das razões que inspiram o dever de se opor desta forma às instâncias que visem legalizar as uniões homossexuais exige algumas considerações éticas específicas, que são de diversa ordem.

DE ORDEM RELATIVA À RETA RAZÃO

A função da lei civil é certamente mais limitada que a da lei moral[12]. Mesmo assim, não pode entrar em contradição com

---

(12) Cf. João Paulo II, Carta encíclica *Evangelium vitae*, 25 de Março de 1995, n. 71.

a reta razão sob pena de perder a força de obrigar a consciência[13]. Qualquer lei feita pelos homens tem razão de lei na medida em que estiver em conformidade com a lei moral natural, reconhecida pela reta razão, e sobretudo na medida em que respeitar os direitos inalienáveis de toda a pessoa[14]. As legislações que favorecem as uniões homossexuais são contrárias à reta razão, porque dão à união entre duas pessoas do mesmo sexo garantias jurídicas análogas às da instituição matrimonial. Considerando os valores em causa, o Estado não pode legalizar tais uniões sem faltar ao seu dever de promover e tutelar uma instituição essencial ao bem comum como é o matrimônio.

Poderá perguntar-se como pode ser contrária ao bem comum uma lei que não impõe nenhum comportamento particular,

---

(13) Cf. *ibidem*, n. 72.

(14) Cf. S. Tomás de Aquino, *Summa Theologiae*, I-II, q. 95, a. 2.

mas apenas se limita a legalizar uma realidade de fato, que aparentemente parece não comportar injustiça para com ninguém. A tal propósito, convém refletir, antes de mais, na diferença que existe entre o comportamento homossexual como fenômeno privado, e o mesmo comportamento como relação social legalmente prevista e aprovada, a ponto de se tornar uma das instituições do ordenamento jurídico. O segundo fenômeno, não só é mais grave, mas assume uma relevância ainda mais vasta e profunda, e acabaria por introduzir alterações na inteira organização social, que se tornariam contrárias ao bem comum. As leis civis são princípios que estruturam a vida do homem no seio da sociedade, para o bem ou para o mal. «Desempenham uma função muito importante, e por vezes determinante, na promoção de uma mentalidade e de um costume»[15]. As formas de

---

(15) João Paulo II, Carta encíclica *Evangelium vitae*, 25 de Março de 1995, n. 90.

vida e os modelos que nela se exprimem não só configuram externamente a vida social, mas ao mesmo tempo tendem a modificar, nas novas gerações, a compreensão e avaliação dos comportamentos. A legalização das uniões homossexuais acabaria, portanto, por ofuscar a percepção de alguns valores morais fundamentais e desvalorizar a instituição matrimonial.

De ordem biológica e antropológica

7. Nas uniões homossexuais estão totalmente ausentes os elementos biológicos e antropológicos do matrimônio e da família, que poderiam dar um fundamento racional ao reconhecimento legal dessas uniões. Estas não se encontram em condição de garantir de modo adequado a procriação e a sobrevivência da espécie humana. A eventual utilização dos meios postos à sua disposição pelas recentes descobertas no campo da fecundação artificial, além de comportar graves faltas de

respeito à dignidade humana[16], não alteraria minimamente essa sua inadequação.

Nas uniões homossexuais está totalmente ausente a dimensão conjugal, que representa a forma humana e ordenada das relações sexuais. Estas, com efeito, são humanas quando e enquanto exprimem e promovem a mútua ajuda dos sexos no matrimônio e se mantêm abertas à transmissão da vida.

Como a experiência confirma, a falta da bipolaridade sexual cria obstáculos ao desenvolvimento normal das crianças eventualmente inseridas no interior dessas uniões. Falta-lhes a experiência da maternidade ou paternidade. Inserir crianças nas uniões homossexuais através da adoção significa, na realidade, praticar a violência sobre essas crianças, no sentido de que se aproveita o seu estado de fraqueza para introduzi-las em ambientes que não

---

(16) Cf. Congregação para a Doutrina da Fé, Instrução *Donum vitae*, 22 de Fevereiro de 1987, II. A. 1-3.

favorecem o seu pleno desenvolvimento humano. Não há dúvida de que uma tal prática seria gravemente imoral e se poria em aberta contradição com o princípio reconhecido também pela Convenção internacional da ONU sobre os direitos da criança, segundo o qual o interesse superior a tutelar é sempre o da criança, que é a parte mais fraca e indefesa[17].

---

(17) «Numerosos homossexuais [...] sabem que seria incoerente militar a favor do casamento entre pessoas do mesmo sexo e, mais ainda, adotar crianças ou «fabricá-las» por qualquer meio. As crianças estariam numa situação de mentira relacional e não poderiam gozar do benefício da dupla presença de um homem e uma mulher, seus pais, para se desenvolverem. Os interesses da criança ver-se-iam negados e ela se converteria unicamente num apoio narcisista à exaltação e prolongamento de pessoas homossexuais que desejariam ver-se reconhecidas através dela.

«A necessidade de ter uma criança nessas condições é um desejo imaginário e ilusório. A criança deixaria de ser aceita pelo que é em si mesma. Convém ter presente que a criança não é um direito, a menos que se considere que se podem «fabricar» crianças unicamente para uso e consumo próprio, brincando de aprendizes de feiticeiros. É paradoxal que as sociedades ocidentais tenham enveredado

DE ORDEM SOCIAL

8. A sociedade deve a sua sobrevivência à família fundada sobre o matrimônio. É, portanto, uma contradição equiparar à célula fundamental da sociedade o que constitui a sua negação. A consequência

---

deliberadamente por uma mentalidade antinatalista, a ponto de se ter provocado um declínio demográfico, e que encarem a criança como um objeto de prazer pessoal do indivíduo. Já não se concebe a criança como alguém que assegura a renovação das gerações e a continuidade da família, mas como um duplicado do próprio eu que tem de repetir-se.

«Seria grave continuar a favorecer esta regressão que desemboca em todas as patologias do afeto e dadependência nos filhos, os quais revelam com frequência transtornos da estabilidade emocional, da filiação e da identidade sexual. Será de acrescentar ainda mais problemas aos que já existem por culpa do divórcio dos pais, pondo as crianças em situações que são contrárias às suas necessidades e aos seus interesses? A sociedade deve vigiar para que uma criança seja acolhida, protegida e educada nas melhores condições possíveis, isto é, por um homem e uma mulher» (do artigo escrito por Tony Anatrella, psiquiatra e consultor do Pontifício Conselho para a Família, para o *Lexicon* preparado por esse mesmo Conselho).

imediata e inevitável do reconhecimento legal das uniões homossexuais seria a redefinição do matrimônio, o qual se converteria numa instituição que, na sua essência legalmente reconhecida, perderia a referência essencial aos fatores ligados à heterossexualidade, como são, por exemplo, as funções procriadora e educadora. Se, do ponto de vista legal, o matrimônio entre duas pessoas de sexo diferente for considerado apenas como um dos matrimônios possíveis, o conceito de matrimônio sofrerá uma alteração radical, com grave prejuízo para o bem comum[18].

---

(18) É elucidativo observar o que se passou com o reconhecimento da união estável homossexual pelo ordenamento jurídico francês:

«Há dez anos que entrou em vigor um novo contrato no ordenamento jurídico francês: o pacto civil de solidariedade (PACS). A efeméride presta-se a um balanço. Antes de mais, justifica as reticências que então manifestaram os que se opunham a esse projeto em nome do direito da família. Os partidários insistem em que se tratava apenas de dar apoio jurídico a situações injustas sofridas por casais homossexuais. Mas a realidade é que 94% das uniões PACS realizadas em

Colocando a união homossexual num plano jurídico análogo ao do matrimônio ou da família, o Estado comporta-se de modo arbitrário e entra em contradição com os deveres próprios.

Em defesa da legalização das uniões homossexuais não se pode invocar o princípio do respeito e da não discriminação de quem quer que seja. Uma distinção entre pessoas ou a negação de um reconhecimento ou de uma prestação social só são inaceitáveis quando contrárias à justiça[19]. Não atribuir o estatuto social e jurídico de matrimônio a formas de vida

---

2008 não se deram entre homossexuais, mas entre heterossexuais» (Salvador Bernal, «Dez anos de PACS na França», em *Aceprensa*, Madri, 21/11/2009).

Esse instrumento jurídico serviu para debilitar a instituição do matrimônio, oferecendo uma válvula de escape para casais heterossexuais que, como corresponde à mentalidade pós-moderna, queriam beneficiar-se dos direitos do matrimônio, mas quase sem aceitar os respectivos compromissos (N. do E.).

(19) Cf. S. Tomás de Aquino, *Summa Theologiae*, II-II, q. 63, a. 1, c.

que não são nem podem ser matrimoniais, não é contra a justiça; é antes uma exigência sua.

Também não se pode razoavelmente invocar o princípio da justa autonomia pessoal. Uma coisa é todo o cidadão poder realizar livremente atividades do seu interesse, e que essas atividades reentrem genericamente nos comuns direitos civis de liberdade, e outra muito diferente é que atividades que não representam um significativo e positivo contributo para o desenvolvimento da pessoa e da sociedade possam receber do Estado um reconhecimento legal especifico e qualificado[20].

---

(20) «Querer atribuir à homossexualidade um estatuto social equivale a confundi-lo com a identidade sexual. Ora, não existem senão duas identidades sexuais: masculina e feminina; não existe identidade homossexual, e o indivíduo só pode socializar-se e enriquecer o vínculo social a partir da sua identidade (de homem ou de mulher) [...].

«A tendência sexual está do lado de uma tendência instintiva parcial, ao passo que a identidade é um dado objetivo, que pertence, portanto, ao âmbito da

As uniões homossexuais não desempenham, nem mesmo em sentido analógico remoto, as funções pelas quais o matrimônio e a família merecem um reconhecimento específico e qualificado. Há, pelo contrário, razões válidas para afirmar que tais uniões são nocivas a um reto progresso da sociedade humana, sobretudo se constituem para aumentar a sua efetiva incidência sobre o tecido social.

---

cultura e da elaboração dos instintos. Dar valor a uma tendência em detrimento das outras dá a entender que se poderia viver socialmente ao sabor das tendências instintivas parciais (homossexualidade, voyeurismo, exibicionismo, sadomasoquismo, travestismo, transexualidade, etc.), sem nenhuma visão global da própria pessoa, do outro e da sociedade. A sociedade não tem que reconhecer a homossexualidade, porque só as pessoas são sujeitos de direitos e deveres, e este não é o caso de uma tendência sexual.

«Militantes homossexuais fazem da sua tendência sexual um objeto de direito para se casarem e adotarem crianças, quando a verdade é que se encontram numa situação contrária a essa dupla realidade que só pode ser compartilhada por um homem e uma mulher» (T. Anatrella, *loc. cit.*).

9. Porque as cópias matrimoniais têm a função de garantir a ordem das gerações e, portanto, são de relevante interesse público, o direito civil confere-lhes um reconhecimento institucional. As uniões homossexuais, pelo contrário, não exigem uma específica atenção por parte do ordenamento jurídico, uma vez que não desempenham essa função em ordem ao bem comum.

Não é verdadeira a argumentação, segundo a qual, o reconhecimento legal das uniões homossexuais se tornaria necessário para evitar que os conviventes homossexuais viessem a perder, pelo simples fato de conviverem, o efetivo reconhecimento dos direitos comuns que gozam enquanto pessoas e enquanto cidadãos. Na realidade, eles podem sempre recorrer — como todos os cidadãos e a partir da sua autonomia privada — ao direito comum para tutelar situações jurídicas de interesse recíproco.

Constitui, porém, uma grave injustiça sacrificar o bem comum e o reto direito de família a pretexto de bens que podem e devem ser garantidos por vias não nocivas à generalidade do corpo social[21][22].

---

(21) Deve, além disso, ter-se presente que existe sempre «o perigo de que uma legislação que faça da homossexualidade uma base para garantir direitos possa vir na prática a encorajar uma pessoa com tendências homossexuais a declarar a sua homossexualidade ou mesmo a procurar um parceiro para tirar proveito das disposições da lei» (Congregação para a Doutrina da Fé, *Algumas Considerações sobre a Resposta a propostas de lei em matéria de não discriminação das pessoas homossexuais*, 24 de Julho de 1992, n. 14).

(22) «Em várias organizações psiquiátricas, chega-se a proibir que os médicos mencionem que conseguiram que alguns indivíduos mudassem de orientação sexual, passando da homossexualidade para a heterossexualidade graças à psicoterapia. Encontramo-nos, pois, diante de um paradoxo: admite-se que se possa passar da heterossexualidade para a homossexualidade, mas nega-se que possa acontecer o contrário. Semelhante obscurecimento ideológico é grave, especialmente quando se sabe que há diferentes formas de homossexualidade, e que algumas delas são susceptíveis de um tratamento terapêutico, embora outras sejam efetivamente irreversíveis» (T. Anatrella, *loc. cit.*).

IV. Comportamentos dos políticos católicos perante legislações favoráveis às uniões homossexuais

10. Se todos os fiéis são obrigados a opor-se ao reconhecimento legal das uniões homossexuais, os políticos católicos são-no de modo especial, na linha da responsabilidade que lhes é própria. Na presença de projetos de lei favoráveis às uniões homossexuais, há que ter presentes as seguintes indicações éticas.

No caso de que se proponha pela primeira vez à Assembleia legislativa um projeto de lei favorável ao reconhecimento legal das uniões homossexuais, o parlamentar católico tem o dever moral de manifestar clara e publicamente o seu desacordo e votar contra esse projeto de lei. Conceder o sufrágio do próprio voto a um texto legislativo tão nocivo ao bem comum da sociedade é um ato gravemente imoral.

No caso de o parlamentar católico se encontrar perante uma lei favorável às uniões homossexuais já em vigor, deve opor-se-lhe, nos modos que lhe forem possíveis, e tornar conhecida a sua oposição: trata-se de um ato devido de testemunho da verdade. Se não for possível revogar completamente uma lei desse gênero, o parlamentar católico, atendo-se às orientações dadas pela Encíclica *Evangelium vitae*, «poderia dar licitamente o seu apoio a propostas destinadas a limitar os danos de uma tal lei e diminuir os seus efeitos negativos no plano da cultura e da moralidade pública», com a condição de ser «clara e por todos conhecida» a sua «pessoal e absoluta oposição» a tais leis, e que se evite o perigo de escândalo[23]. Isso não significa que, nesta matéria, uma lei mais restritiva possa considerar-se uma lei justa ou, pelo menos, aceitável; trata-se, pelo contrário, da tentativa legítima e obrigatória de proceder à revogação, pelo menos

---

(23) João Paulo II, Carta encíclica *Evangelium vitae*, 25 de Março de 1995, n. 73.

parcial, de uma lei injusta, quando a revogação total não é por enquanto possível.

Conclusão

11. A Igreja ensina que o respeito para com as pessoas homossexuais não pode levar, de modo nenhum, à aprovação do comportamento homossexual ou ao reconhecimento legal das uniões homossexuais. O bem comum exige que as leis reconheçam, favoreçam e protejam a união matrimonial como base da família, célula primária da sociedade. Reconhecer legalmente as uniões homossexuais ou equipará-las ao matrimônio significaria não só aprovar um comportamento errado, com a consequência de convertê-lo num modelo para a sociedade atual, mas também ofuscar valores fundamentais que fazem parte do patrimônio comum da humanidade. A Igreja não pode abdicar de defender tais valores, para o bem dos homens e de toda a sociedade.

O Sumo Pontífice João Paulo II, na Audiência concedida a 28 de Março de 2003 ao abaixo-assinado Cardeal Prefeito, aprovou as presentes Considerações, decididas na Sessão Ordinária desta Congregação, e mandou que fossem publicadas.

Roma, sede da Congregação para a Doutrina da Fé, 3 de junho de 2003, memória de São Carlos Lwanga e companheiros, mártires.

Joseph Card. Ratzinger
Prefeito

Angelo Amato, S.D.B.
Arcebispo titular de Sila
Secretário

MORAL PRIVADA E RELEVÂNCIA PÚBLICA

Martin Rhonheimer[1]

Não pretendo defender um tipo de legislação — difundido sobretudo nos países anglo-saxônicos — que criminaliza o comportamento homossexual consensual entre pessoas adultas em privado. Também não se trata de defender a ideia de que o Estado deve prescrever aos cidadãos como devem viver para serem felizes. Tais posições extremas tendem a

---

(1) Doutor em Filosofia pela Universidade de Zurique e professor de Ética e Filosofia Política na Pontifícia Universidade da Santa Cruz, em Roma. É autor de diversos artigos acadêmicos e livros sobre moral, lei natural e política, além de ser membro correspondente da Academia Pontifícia de São Tomás de Aquino.

provocar discussões a posteriori. A questão na realidade é outra: será que um casal homossexual que queira estabelecer uma comunidade estável de vida tem o direito de ser equiparado pela lei, ou seja publicamente, ao matrimônio tradicional entre um homem e uma mulher? Seria uma discriminação, com base na sua orientação sexual, negar-lhes tal direito?

Não vejo nenhuma razão para que, com base em princípios constitucionais de tipo liberal, semelhante equiparação seja verdadeiramente defensável como exigência da não discriminação. Gostaria de mostrar, pelo contrário, que só se pode defender essa equiparação se se recorre a uma redefinição das razões públicas com base nas quais qualquer comunidade de vida, incluído o matrimônio, recebe um status legal privilegiado, e se se propõe uma correspondente redefinição do próprio matrimônio.

Ante de mais nada, devemos ter presente que o reconhecimento público do matrimônio entre um homem e uma mulher não é simplesmente a promoção pública de uma determinada escolha moral ou uma coação exercida sobre os que preferem fazer escolhas diferentes. Não pretende prescrever aos cidadãos como devem ser felizes. Baseia-se no fato de a comunidade de vida no matrimônio heterossexual ser a instituição fundamental graças à qual a sociedade — como comunidade de cidadãos — está edificada: o matrimônio é comunidade de reprodução, de educação e de sociabilidade, com funções e efeitos específicos — enquanto fonte, mediante os bens herdados, de riqueza e de estrutura distributiva — que são regulados pela lei no interesse de todos. O que o Estado reconhece de modo especial e mediante um estatuto especial é, pois, uma específica comunidade de vida, isto é, uma comunidade aberta à transmissão da vida e por isso possível unicamente entre pessoas de sexo diverso, com uma missão social e educativa.

Parece, por conseguinte, impossível que um casal de homossexuais possa reclamar esse mesmo status, já que a sua união é algo completamente diferente. Uma comunidade de vida de homossexuais é uma união de relevância exclusivamente privada. Equipará-la ao matrimônio seria uma grave injustiça e discriminação para com os casais heterossexuais que têm a seu cargo a transmissão da vida, da educação e da sociabilidade dos cidadãos. Ao recusar a equiparação, o Estado de maneira nenhum desqualifica moralmente o estilo de vida dos homossexuais. Não o discrimina, mas permanece à margem. Porém, não seria neutral se equiparasse as uniões de homossexuais ao matrimônio, já que nesse caso daria sustentação pública a um particular estado de vida sem que pudesse aduzir razões de interesse comum e público.

Essa equiparação implicaria uma clara não neutralidade do Estado ainda por outra razão: desqualificaria a finalidade específica do matrimônio tradicional, que deixaria de ser a fonte de uma comunidade caracterizada essencialmente pela sua função procriativa e educativa, para passar a ser um mero fato privado, publicamente irrelevante. Ter descendência e assumir o compromisso de educá-la seria uma simples opção possível — e portanto de relevância unicamente privada[2] —, mas não mais a razão pela qual o matrimônio é publicamente reconhecido. É difícil dizer quais seriam as consequências a longo prazo. Mas é de prever que, além da grave injustiça e discriminação que se cometeria contra

---

(2) Isso corresponde à tendência, já bastante difundida, de considerar que ter filhos e educá-los é sobretudo a satisfação de um desejo dos progenitores, mais do que missão de serviço a outras pessoas e mesmo à sociedade (do bem comum). Seguindo essa lógica, não se poderia negar aos casais homossexuais o direito de adotar filhos, ou mesmo de tê-los mediante a reprodução artificial.

homem e mulher unidos em matrimônio com responsabilidade procriativa e educativa, essas consequências seriam certamente desastrosas para a sociedade, para a comunidade dos cidadãos e para o bem comum[3].

O fato de ser inconcebível nesses casos uma atitude simplesmente «neutral», por parte do ordenamento jurídico da sociedade, não significa que se deva optar pela posição oposta, isto é, por um mero «mecanismo» que procure usar a lei para promover as virtudes dos cidadãos e reprimir os seus vícios. Não equiparamos as uniões homossexuais ao matrimônio com base num juízo sobre a

---

(3) Não seria uma objeção válida dizer que há muitos casais que não podem ou não querem ter filhos. O reconhecimento público toma em consideração unicamente o que é normal, e o normal é que o matrimônio é uma união procriativa e educativa. Mesmo que estatisticamente não fosse assim, o contrário continuaria a ser o normal, e esses dados estatísticos indicariam não apenas um fato, mas um problema e uma grave crise da sociedade.

perversidade ou repugnância moral das práticas homossexuais, mas na racionalidade que exprime o conteúdo de uma moral ou racionalidade moral exclusivamente pública: privilegiar unicamente as uniões heterossexuais — a instituição do matrimônio — corresponde a um juízo moral com base num interesse e numa utilidade pública e comum, tendo em vista proteger a união entre homem e mulher que está a serviço da transmissão da vida.

A própria inserção do matrimônio — como comunidade procriativa e educativa — num contexto social, público e comunitário mais amplo confere-lhe uma dignidade moral toda especial, que ultrapassa a esfera privada. É impossível separar neste caso os valores morais públicos dos «privados», o justo do bem, precisamente porque uma parte do bem humano, ainda que «privado», possui uma dimensão social, comunitária e, neste sentido, relevante para o ordenamento público[4].

É aqui, de novo, que descobrimos o bem comum como realidade existencial da sociedade e como fator normativo das práticas políticas. Mesmo que optássemos por uma neutralidade normativa do Estado, essa neutralidade ou se basearia explicitamente numa concepção substancial do bem, promovido segundo critérios de uma razão moral pública, ou então, ainda que se declarasse neutral, teria por base, implícita e ocultamente, determinadas escolhas axiológicas. A fórmula

---

(4) Este equacionamento, comparado com o de Michael Sandel, parte de uma perspectiva em sentido contrário. Sandel parece entender que, ao menos parcialmente, a conveniência de uma legislação deriva da imoralidade ou da moralidade de certas práticas; o que eu proponho é tomar como ponto de referência o interesse e a utilidade social das práticas ou modos de vida, conforme contribuem ou não para o enriquecimento moral da sociedade. Cf. M. Sandel, «Moral Argument and Liberal Toleration: Abortion and Homosexuality», *Californian Law Review*, 1989.

de Charles Larmore segundo a qual a neutralidade liberal «não é uma neutralidade de resultados, mas de normatividade»[5] é certamente correta e útil, desde que entendida de modo restrito, referida a um normativismo baseado e integrado num ordenamento institucional de vigência pública impregnado de determinados princípios que exprimam concepções substanciais sobre o bem. Se, pelo contrário, essa fórmula se refere a um normativismo que pretenda ocupar o lugar dessas concepções, teremos necessariamente uma corrente de tipo «liberal» no sentido problemático, que promove, por exemplo, soluções *pro choice* — porque tende a suprimir, como crença moral-religiosa, certos direitos humanos como, por exemplo, os direitos dos ainda não nascidos, entronizando nas questões da vida e da morte o princípio formal da

---

[5] Ch. Larmore, *Patterns of Moral Complexity*, Cambridge University Press, 1987.

liberdade de escolha do mais forte —, ou o debilitamento da instituição do matrimônio, acusando o seu status privilegiado de ser uma discriminação para com os que optam por viver segundo uma orientação sexual diversa.